초보자를 위한 불교

초보자를 위한 불교

불교시대사

머리말

불교의 오래 된 고사성어 가운데 '맹구우목(盲龜遇木)'이란 말이 있다. 눈 먼 거북이가 바다를 헤매다 백 년에 한 번 물 위로 머리를 내미는데 그때 다행히 바다에 떠다니는 구멍 뚫린 나무판자를 만나면 잠시 쉬지만 그렇지 못하면 다시 물 속으로 들어가야 한다는 것이다. 눈먼 거북이가 구멍 뚫린 나무판자를 만날 확률이란 매우 어려운 일이다. 맹구우목이란 이렇게 어려운 기회를 만나는 행운을 가리킬 때 쓰는 말이다.

불교에서 이 맹구우목의 비유를 드는 것은 불법(佛法)을 만나기가 저 눈먼 거북이가 구멍 뚫린 나무판자를 만나는 것만큼 어렵다는 것을 깨우쳐 주기 위해서다. 생각해 보면 이 지구상에는 수많은 종교가 있다. 그 많은 종교 가운데 불교를 만난다는 것은 여간 큰 행운이 아니면 안 된다. 더욱 어려운 것은 불법을 만나더라도 그 요체를 바르게 공부하고 그 공덕으로 해탈과 성불을 이루는 일이다. 실제로 많은 사람들이 불교를 믿는다고는 하지만 첫발을 잘못 딛은 탓에 대문 밖에서 방황하는 사람이 적지 않다. 이런 사람들을 보면 부처님의 가르침을 바르게 전하는 일이 얼마나 중요한지를 새삼 깨닫게 된다.

그러나 이들에게 어떻게 불교의 요지를 간단하게 설명해야 할지는 생각처럼 쉽지 않다. 이미 불교에 대해 조금 공부해본 사람은 알겠지만 다른 종교와 달리 불교는 교리나 수행의 체계가 단순하지 않다. 예를 들어 수행에서는 참선을 해야 한다고 하는데 참선은 무엇인가. 또 어떻게 하는 것인가. 그리고 재가자들은 어떻게 하는 것이 참수행인가. 꼭 출가를 해야만 할 수 있는 것인가. 더불어 팔만 사천이나 된다는 부처님 말씀은 어떻게 받아들여야 하는가. 왜 경전은 그렇게 많고 다양한가. 이런 많은 질문에 대해 한마디로 '이것이 불교다' 하고 대답하기 어려운 것이 불교다.

여기에는 두 가지 이유가 있다. 첫째는 불교의 교리나 수행방법은 다양한 중생의 근기에 상응해 설해진 가르침이기 때문이다. 마치 내과와 정신과, 산부인과의 질병에 대한 원인과 치료가 다르듯이 중생의 근기에 따른 치료방법도 다양하고 복잡할 수밖에 없다는 것이다. 둘째는 오랜 역사를 통해 여러 지역에서 발전한 불교는 그 문화적 폭이 너무 넓어서 전문가들도 그 전모를 한눈에 조감하기에는 한계를 느낄 수밖에 없는 현실이다. 이런 이유로 많은 사람들은 '불교는 어렵다'는 생각을 한다.

이 책은 이런 점을 고려해서 불교를 처음 공부하는 분들과 이미 조금은 공부했지만 아직 무엇인지 정리가 되지 않는다고 생각하는 분들을 위하여 하나하나 미심쩍어 하는 것들을 설명한 것이다.

'제1장·불교란 무엇인가'에서는 불교가 성립된 요소인 삼보(三寶)를 비롯하여 사찰의 구조와 예절, 그리고 불교의식에 대해 간략히 소개하고, 한국불교를 대표하는 선(禪)에 대해서는 선은 무엇인지부터 좌선법과 화두 드는 법, 대표적 공안까지 비중을 두어 상세히 다루었다.

'제2장·석가모니 부처님'에서는 교조이신 석가모니 부처님의 생애와 그분의 가르침, 그리고 십대제자에 대해 알아보았으며, '제3장·시대와 더불어 호흡하는 불교'에서는 인도·중국·한국·일본 등의 북방 불교권과 태국·스리랑카 등 남방 불교권을 비롯한 각국 불교의 역사와 팔만사천의 경전 중에서도 그중 대표적 경전에 대해 간략한 서술을 하고, 현 세계불교의 현황에 대해 알아보았다.

마지막 '제4장·한국불교의 이해'에서는 한국에 불교가 전래된 때부터 현재까지의 역사와 한국불교를 빛낸 사람들, 현존하는 대표적 명찰들에 대해 서술했다.

또한 정말 일반인들이 궁금해 하는 구체적인 질문 몇 가지와 불가에서 쓰이는 특수한 말들 때문에 더 거리감을 느끼게 하는 불교 용어를 풀어서 부록에 묶었다.

앞에서도 말했듯이 불법과 인연을 맺는 일도 어렵지만, 그 공덕을 입기는 더욱 어려운 일이다. 그것은 스스로 노력하지 않으면 이룰 수 없다. 따라서 불교를 공부하려는 사람들은 서두르지 말고 걸음마를 처음 시작하는 어린아이처럼 한걸음 한걸음 내딛어야 한다. 다시 말해 처음부터 차근차근 기초를 다져가는 공부를 해야 한다. 이렇게 착실하게 교리와 역사를 공부하다 보면 어렵게 느껴졌던 불교가 쉽게 다가오고, 나아가서는 부처님이 하시고자 한 말뜻을 터득할 수 있을 것이다.

먼 길을 가려는 사람에게 가장 중요한 것은 정확한 이정표다. 필자가 바라는 바가 있다면 불교가 어렵다고 생각한 이들에게 이 책이 그런 이정표 노릇을 해주었으면 하는 것이다. 끝으로 부족한 글이나마 책으로 엮어준 출판사에 감사드린다.

불기2542년 12월

필자 합장

차 례

제1장

불교란 무엇인가

제1장
●
불교란 무엇인가

1. 삼보의 성립

불교(佛敎)란 글자 그대로 '부처님의 가르침'이란 뜻이다. 불교는 부처님이 스스로 깨달은 진리를 다른 사람에게 알려 주기 위해 설법했고, 그 가르침에 따라 수행하는 사람들의 집단인 승가가 생겨남으로써 성립된 종교이다. 따라서 부처님(佛)과 그 가르침(法) 그리고 그 가르침을 실천하는 사람들(僧)은 불교를 구성하는 가장 중요한 세 가지 요소이다. 이 세 가지가 없었다면 세상에는 진리의 역사가 전개되지 않았을 것이다. 그래서 불교는 이 세 가지를 세상에서 가장 가치 있는 보배로 여긴다. 불교가 불법승을 삼보(三寶)라고 부르며 귀의(歸依)의 대상으로 여기는 것은 이런 까닭에서다.

불교에서 부처님(佛)이라 함은 진리를 깨달은 성자를 의미한다. 부처님을 지칭하는 범어 붓다(Buddha)는 '깨달은 사람'을 의미하는 말이다. 역사적으로는 석가모니 부처님이 바로 그분이다. 부처님의 가르침은 곧 진리다. 이 진리를 법(法)이라 하는데 범어로는 다르마(Dharma)라고 한다. 이 가르침을 따라 실천하면 부처님과 같은 깨달음을 얻게 된다. 이러한 믿음을 갖고 청정한 종교적 삶을 살아가는 사람들의 집단을 승가(僧伽, Saṃgha)라고 한다. 그러니까 승(僧)이란 곧 수행자들을 뜻하는 말인 셈이다.

결국 불교는 부처님이 깨달음을 얻은 뒤 모든 사람들을 행복의 길로 안내하려는 가르침을 펼친 것을 근거로 성립된 종교다. 불교는 누구든 이 가르침에 따라 수행하면 부처님이 될 수 있다고 가르친다. 즉 '부처님이 되기 위한 가르침'이 곧 불교인 것이다. 불

석가모니 부처님

교의 이런 실천적 측면을 강조하여 옛날에는 '부처님이 되기 위한 수행과 길'이란 뜻으로 불도(佛道)라고 부르기도 했다.

역사적으로 볼 때 불교는 석가모니 부처님이 이 세상에 태어나지 않았더라면 성립할 수 없었다. 부처님의 출현, 즉 석가모니가 진리를 깨달아 부처님(覺者 ; 깨달은 사람)이 된 것을 인정함으로써 불교는 시작된다. 그러나 만약 석가모니가 깨달은 후에 그 깨달음의 내용을 세상 사람들에게 전하지 않았더라면 불교는 성립되지 못했을 것이다. 여기에 부처님 가르침(法)의 중요성이 있다. 우리는 석가모니의 가르침을 통해서만 깨달음에 이를 수 있다. 때문에 진리로서 가르쳐진 '법'은 불교를 성립하게 하는 두번째 요소이다. 또한 불법은 그 가르침에 따라 불도를 실천하는 사람 없이는 존재할 수 없다. 부처님의 가르침을 듣고 부처님이 되기 위해 수행 실천하는 사람들이 없이는 불교가 전해지지 못했을 것이다. 때문에 수행자인 '스님'의 존재는 불교의 생명을 영원하게 하는 데 빠질 수 없는 요소의 하나가 되는 것이다.

이처럼 삼보(三寶)는 불교에서 가장 기본적인 신앙의 대상이다. 그래서 불자들은 언제나 삼보에 귀의(歸依 ; 마음을 다해 돌아가 의지함)하는 것을 종교생활의 기본으로 생각한다.

삼보에 귀의하는 것을 삼귀의(三歸依)라고 하는데 그 형식은 다음과 같다.

거룩한 부처님께 귀의합니다(歸依佛 兩足尊)

거룩한 가르침에 귀의합니다(歸依法 離欲尊)

거룩한 스님들께 귀의합니다(歸依僧 和合尊)

한문으로 된 삼귀의에 부처님은 양족존(兩足尊)이며 가르침은 이욕존(離欲尊)이며 스님들은 화합존(和合尊)이라고 하고 있다. 양족존이란 지혜와 자비를 두루 갖추고 있어 가장 훌륭하다는 뜻이며, 이욕존은 욕망을 떠나 청정한 상태로 인도하는 진실한 가르침이란 뜻이며, 화합존은 승가공동체가 인간이 만든 집단 가운데 가장 평화롭고 질서 있는 집단이란 뜻이다. 그러나 교리적으로 볼 때 불법승 삼보는 곧 하나이다. 스스로 깨달아 부처님이 된 석가모니와 그 가르침, 또 그 가르침을 쫓아 부처님이 되려는 스님들 모두가 바로 청정하고 무구한 부처님 그 자체이기 때문이다.

2. 깨달음에 대한 이해

불교는 깨달음(覺)의 종교다. 누구든지 깨달으면 부처님이 된다는 절대 평등, 절대 가능성의 종교다. 깨달음은 불교 최고의 가치이면서 영원한 희망이다. 불자라면 누구나 도달하고자 하는 최고의 목표요, 최상의 바람이 바로 깨달음이다.

그러나 깨달음이란 단순히 생명과 우주의 원리며 인생의 의미와 이치를 확연히 알고 삼라만상의 실상을 바로보는 그 자체를 목적으로 삼는 것은 아니다. 불교는 목적적으로 말하면 우리가 우주와 인생의 이치를 바로 알지 못하기 때문에 온갖 시비와 갈등과 고통에 시달리고 있다는 사실을 전제로 그 고통으로부터 해탈하여 최고의 행복인 열반을 성취하기 위한 종교다. 그러기 위해서 우리는 인생의 현실과 그러한 현실을 있게 하는 이유를 확실하게 알아야 한다. 그리고 그 고통의 원인을 제거해야 한다. 불교에서 깨달음이란 바로 그 지혜(반야)를 터득하는 것을 의미한다. 이러한 지혜

가 터득될 때 우리는 무엇에도 얽매이지 않는 절대자유의 진정한
대해탈을 이룰 수 있다. 그것은 곧 내 스스로가 어떤 것에도 거칠
것이 없는 천상천하 유아독존의 대자유인이 되었음을 의미한다.
이러한 희망으로 그토록 많은 눈푸른 납자(衲者)들이 청춘과 목숨
을 걸었고, 지금 이 순간에도 어느 산골 토굴이나 산사에서 수많
은 수행자들이 치열한 구도의 길을 걷고 있는 것이다.

불자들은 깨달음과 해탈이 분명히 가능한 것이며 이는 개인적
체험의 차원이 아닌 우주적인 일대 사건이라는 것을 믿는다. 부처
님 한 사람이 깨달아 우주와 인생의 실상을 모두 알았다는 것은
주변 사람들, 나아가 전체 사회에 자신감을 던져 주는 일이다. 인
간의 무한한 가능성을 확인시켜 주는 일이기 때문이다. 또 그것은
오매불망 깨달음의 경지가 어떤 것인지 궁금해 하는 많은 수련자
들에게 일대 희망과 용기를 주는 일이다.

인류 역사상 깨달음과 해탈을 최초로 이룩한 사람은 바로 석가
모니 부처님이었다. 그리고 부처님은 그 기쁨을 혼자만 향유하지
않고 아직도 괴로움 속에서 벗어나지 못하고 있는 수많은 사람을
위해 그 방법을 가르쳐 주었기 때문에 그토록 높고 큰 추앙과 경
배를 받고 있는 것이다. 부처님의 깨달음 이후 수많은 사람들은
부처님의 가르침에 따라 수행함으로써 몸과 마음의 평화를 얻고
진정한 행복을 성취했다. 부처님 당시 불교교단의 제자들로 더 이
상 배울 것이 없는 열반을 성취한 아라한(阿羅漢)의 경지에 오른
사람은 수도 없이 많았다. 또 이후 불교가 세계적으로 확산되면서
부처님의 가르침에 의해 높은 해탈의 경지에 이른 사람은 이루 헤
아릴 수 없이 많았다. 다만 이들은 최초로 이 가르침을 펼친 스승
에 대한 공경의 의미로 스스로를 '부처님'이라고 하지 않았을 뿐
이다. 그러나 중국이나 한국의 선사(禪師)들에게서 보듯이 이들은

진리를 깨달은 각자(覺者)로서의 자부심을 가지고 제자들을 가르쳤다. 또한 이름이 알려지지 않은 더 많은 사람들은 부처님의 가르침에 의해 깨달음을 얻고 대열반과 해탈을 성취했을 것임은 충분히 상상하고도 남음이 있다. 그리고 지금 우리도 위대한 성자의 뒤를 따라가고 있는 것이다.

그러나 이 길을 가기 위해서 우리는 지금까지 살아온 삶의 방식에 대해 냉정하고 심각한 반성부터 먼저 해야 한다. 조금이라도 인생의 문제를 진지하게 생각해 본 사람이라면 어차피 인간은 죽음을 피할 수 없다는 것을 인정하지 않을 수 없다. 아무리 큰 명예와 엄청난 부를 가지고 있다고 해도 죽음에서 벗어날 수 있는 존재란 없다. 진시황은 늙음과 죽음이 두려워 불로초와 불사약을 구했다고 하지만 그도 마침내 한줌의 흙으로 돌아갔다. 영웅호걸이나 필부필녀나 늙음과 죽음 앞에서는 평등하다. 늙고 병들어 마침내 죽고 마는 생로병사는 우리의 뜻과 상관없이 진행되고 있다. 왜 그럴까, 거기에는 무슨 까닭이 있을까, 또 어떤 법칙이 작용하고 있는 것은 아닌가. 이런 생각 이런 의문을 갖는 것이 불도를 구하는 첫걸음이다.

3. 불교의 종교적 특징

일반적으로 종교는 세 가지 범주와 단계를 포괄하고 있어야 한다고 말한다. 윤리의 측면과 철학의 측면 그리고 구원의 측면이 바로 그것이다.

그 세 가지 범주 가운데 첫번째인 윤리적 차원이란 종교가 인간에게 어떻게 살아가는 것이 올바른 삶이냐 하는 규범을 제시해 주어야 한다는 것이다. 굳이 종교인이 아니더라도 상식적인 차원에서 법질서와 양심을 지켜가면서 사는 것이 옳다면 종교는 이 부분에 대해 보다 심도 있는 설명을 해야 한다는 것이다.

불교는 이에 대해 업보와 윤회의 원리로서 대답한다. 인간이 선행을 하고 악행을 멀리해야 하는 것은 여러 사람이 함께 모여 사는 공동체적 삶을 평화롭고 행복하게 만들기 위해서다. 만약 인간이 선악에 대한 윤리관념이 없이 서로 죽이고 빼앗으며, 속이고 대립하는 일을 아무 거리낌 없이 행한다면 지상은 그대로가 아비규환의 지옥을 면치 못할 것이다. 실제로 우리가 살아가는 사회는 수많은 죄악과 범죄가 자행되고 있으며 이는 인간 불행의 한 원인이 되고 있다.

이러한 인간 불행의 원인에 대해 지금까지 사람들은 인간성의 문제, 또는 도덕성의 문제로만 설명하려고 했다. 그러나 이것만으로는 부족하다. 그래서 기독교는 이 문제를 인간의 원죄라고 말한다. 이에 비해 불교는 업보와 윤회의 이론으로 그 원인을 추구하고 해결의 원리를 제시한다. 업보와 윤회란 어떤 행위도 그렇게 되기까지에는 그만한 원인이 있어서 생겨났다는 것을 말한다. 즉 지금 어떤 사람이 감옥에 들어가 있다면 그에게는 그렇게 될 수밖에 없는 원인이 있기 때문이라는 것이다. 이 업보의 굴레는 시간적으로 과거에서부터 현재와 미래에까지 걸쳐서 계속된다. 다시 말해 죄를 짓고 지금 당장 나쁜 과보를 받지 않는다 하더라도 미래세에는 반드시 업보를 받게 된다는 것이다.

이러한 윤회업보설은 인과를 두려워하지 않는 사람들에게 큰 경종이 된다. 어떤 행위든지 그 행위가 원인이 되어 결과가 되돌아온다고 생각하면 인간의 삶은 보다 윤리적인 것이 되지 않으면 안

된다. 인간의 윤리적 행위를 강조하는 데 있어서 불교의 업보와 윤회설은 어떤 주장보다 설득력이 있다.

그 다음 두번째가 철학적인 차원이다. 인간 존재란 어떤 것인가. 우주와 인간은 어떻게 해서 생겨났으며 그 미래는 어떻게 될 것인가. 왜 인간은 죽음을 피할 수 없는가. 종교는 이러한 문제에 대해 납득할 만한 설명을 해주어야 한다는 것이다. 이에 대해 불교는 세상의 어떤 종교나 철학보다 분명하고 솔직한 대답을 준비하고 있다. 불교의 방대한 교리는 바로 이것을 설명하는 철학체계에 다름 아니라고 말해도 좋다.

불교에서 인간과 세계를 설명하는 이론적 도구는 이른바 '연기론(緣起論)'이다. 연기론이란 모든 존재는 고정불변하는 독립적 자아가 있는 것이 아니라 인연에 의해 서로 의지하는 관계에 있다는 것이다. 인간을 예로 든다면 불교는 영혼과 같은 불변의 독립적 존재를 인정하지 않는다. 그렇다고 인간은 다만 물질로 구성됐다고 말하는 유물론(唯物論)도 인정하지 않는다. 인간은 물질과 정신과 의식이 인연에 의해 결합된 존재다. 인간뿐만이 아니라 모든 존재가 마찬가지다. 우주와 세계와 인간은 오직 인연에 의해 생겨났으며 인연이 다하면 흩어지고 마는 존재라는 것이다. 생명의 탄생은 여러 가지 조건이 합쳐져서 생겨나는 것이고 죽음은 그 인연과 조건이 사라짐으로써 생기는 것이다. 따라서 인연에 의해 생겨난 어떤 존재도 소멸과 죽음으로부터 자유로울 수 없다. 인연이 조금씩 변해 가는 모습이 질병이고 늙음이다.

불교는 이러한 인간 현실의 특징을 세 가지로 나누어 설명한다. 첫째는 모든 것은 인연에 의한 것이므로 반드시 변해 가는 무상한 존재라는 것이다. 이를 제행무상(諸行無常)이라 한다. 둘째는 항상 고정돼 있지 않고 변해 가는 존재인 까닭에 실체적 자아는 인정되지 않는다는 것이다. 만약 영원불변하는 실체적 자아가 있다면 그것은 태어나거나 늙거나 병들거나 죽는 일이 없을 것이다. 그러나 그런 존재는 어떤 것도 없다. 따라서 모든 존재는 실체적 자아가 인정되지 않는다. 이를 제법무아(諸法無我)라고 한다. 셋째는 이렇게 모든 존재가 실체가 없고 변하는 것이라면 그것은 끝없는 괴로움만 반복하는 존재일 수밖에 없다는 것이다. 인생이 아무리 화려하고 아름답다고 하더라도 무상한 세월을 견뎌낼 수는 없다. 마침내는 모두 병들고 늙어서 죽어간다. 이것보다 더 큰 고통은 없다. 그렇다면 모든 존재는 괴로움을 안고 살아야 한다. 이를 일체개고(一切皆苦)라 한다.

실로 인간의 존재를 분석하는 데 있어 이렇게 정연한 논리로 궁극점까지 파헤친 종교는 일찍이 없었다. 그래서 어떤 사람들은 불교를 종교가 아니라 철학이라고까지 말하기도 한다. 존재의 궁극적 실재에 대해 불교만큼 깊이 파헤친 종교가 없다는 점에서 이 말은 어느 정도 진실에 가깝다. 그러나 불교는 철학적 이론 탐구에 그 목적이 있는 것이 아니다. 인간을 해탈로 이끌고자 하는 데 그 목적이 있다. 따라서 불교를 종교가 아니라 철학이라고 하는 것은 적절치 않다.

세번째 구원의 측면에서 불교는 다른 종교와 커다란 차이를 보인다. 엄밀한 의미에서 불교는 '구원'이라는 말이 적용되지 않는 종교다. 종교적 의미에서 구원이란 초월적 능력을 가진 타자가 피조물을 고통의 바다에서 건져 올리는 행위를 말한다. 그러나 불교에서는 부처님이 우리를 구원하는 것이 아니다. 부처님은 초월적 절대자가 아니기 때문이다. 다만 불교에서 구원이라는 말이 있을 수 있다면 그것은 교사와 학생과의 관계에서처럼 가르치고 따른다는 의미에서다. 다시 말해 부처님은 우리에게 인생의 바른길, 해탈의 길을 가르쳐 주는 스승이고, 우리는 그 가르침대로 살아갈 때 괴로움에서 벗어날 수 있다는 의미에서의 구원인 것이다. 그러나 이 경우 불교는 구원이라는 말보다는 보다 자주적인 의미가 강한 해탈(解脫)이란 말을 쓴다. 해탈이란 윤회의 고통에서 벗어난다는 뜻이다.

앞에서 우리는 인간이란 존재는 여러 가지 물질적·정신적 요소(이를 五蘊이라고 한다)가 인연에 의해 결합됨으로써 생겨났다는 사실에 대해서 말했다. 그러나 이렇게 생겨난 인간은 이러한 사실을 모르고 영원불변하는 자아가 있다고 믿으며 그 거짓 자기에 봉사하기 위해 갖가지 악업을 짓는다. 인류 역사에 전쟁과 살인, 대립과 투쟁, 사랑과 증오, 차별과 불평등이 생기는 것은 이 집착 때문이다. 이 거짓 자기에 봉사하는 행위가 계속되는 한 업보에 의한 윤회의 고통은 사라지지 않는다. 따라서 불교는 인간이 이 윤회의 고통에서 벗어나기 위해서는 거짓 자기에 대한 집착을 버려야 한다고 강조한다. 그리고 그 방법으로 여덟 가지 바른 삶의 길을 제시한다 그것이 바로 팔정도(八正道)다. 고통의 삶을 종식하고 영원한 행복의 삶인 열반과 해탈을 성취하기 위한 팔정도는 다음과 같다.

정지견(正知見)―인생의 현실을 바르게 보아 아는 것
정사유(正思惟)―바른 견해를 확립할 수 있는 올바른 사색
정 어(正 語)―시비가 생기지 않도록 올바른 말을 할 것
정 업(正 業)―몸과 마음으로 나쁜 행위를 하지 말 것
정 명(正 命)―남에게 피해를 주지 않는 선한 직업을 가질 것
정정진(正精進)―올바른 수행을 계속 닦을 것
정 념(正 念)―사념처(身·受·心·法)를 바르게 관찰할 것

정   정(正 定) - 올바른 명상(삼매와 선정)을 닦을 것

4. 불교에서 수행승단의 역할

깨달음과 해탈을 추구하는 불교는 그것을 통해 혼자만의 안락과 행복을 성취하려 하지 않는다. 이미 석가모니 부처님의 경우에서 본 것같이 그 행복을 이웃과 나누려고 한다. 이렇게 깨달음의 공덕을 이웃과 나누려고 하는 것을 보살도(菩薩道)라고 한다.

중생들의 아픔에 동참하면서 그 아픔을 덜어 주기 위해 자신의 모든 것을 던진다는 보살도는 불교 가르침의 실천 덕목 가운데 가장 높은 덕목이다. 이 같은 입장에서 보면 수행자가 깊은 산속에서 자신만의 깨달음에 몰두하는 것은 보살도를 소홀히 하는 것으로 볼 수 있으나 그것은 결코 그렇지 않다. 깨달음을 추구하는 상구보리(上求菩提)와 중생의 아픔에 동참하는 하화중생(下化衆生)은 따로 떨어져 있는 별개의 것이 아니다. 마치 동전의 앞뒷면 같은 것이다. 보살도는 진리를 깨달은 사람만이 행하는 것은 아니지만 진리를 추구하는 행위 자체가 하화중생을 전제로 하는 것이란 점에서 그 가치가 인정되어야 한다. 어떤 의미에서는 깨달음을 추구하는 수행자의 가장 큰 보살행은 각고의 정진이다. 그렇다면 자리적 수행 속에 이미 이타적 보살행의 씨앗이 잉태되어 있다고 보아야 할 것이다. 그리하여 그 수행의 결과로 얻어진 지혜를 중생을 위해 설법하는 순간 자리이타(自利利他)의 보살행이 완성되는 것이다.

스님들의 가장 큰 몫은 청정수행을 바탕으로 한 깨달음의 추구

이다. 불자들은 수행자들이 깨달음을 이루어 온 세상에 일대 희망과 용기를 불어 넣어 줄 것이라는 기대를 어느 한 순간에도 결코 버리지 않는다. 때문에 그토록 스님들을 공경하고 의지하는 것이다. 우주와 인생의 진리를 깨닫고 말겠다는 원력을 세우고 정진하는 스님들이 청정한 그 자리에 있는 것만으로도 벌써 하화중생의 보살도를 행하고 있다고 믿는 것이다.

승단은 인생과 우주의 근본문제를 풀기 위한 수행 출가자의 집단으로 청정화합을 그 생명으로 한다. 깨달음이란 종국에는 스스로 혼자 이루어 내는 것이기는 하지만 그 치열한 구도행을 뒷받침하기 위해 승단이 있어야 한다. 승단은 수행자의 구도를 제도적으로 보장하고 또한 정법을 계승해 가는 사명이 있다. 그것은 부처님의 유훈(遺訓)이기도 하다. 부처님의 가르침을 지키고 유지하며 선양하는 데 있어 승단의 역할은 지대하다. 불교의 정법을 배우고 실천하며 깨달음을 성취하려는 구조가 바로 승단이며, 청정하고 화합하는 승단만이 깨달음을 이루는 구도자를 배출해 낼 수 있다. 불교에서 승단은 여느 종교의 성직자 집단과는 그 격이 다르다. 단순히 신도들을 교화하고 관리하는 목회자들의 모임이나 기구로서의 역할을 넘어선 불교 그 자체이다. 승단이 바로 서서 청정한 가풍으로 불법을 지키면 불교가 사는 것이요, 승단이 혼란해 갈피를 잡지 못하면 불교 전체가 나락으로 떨어지는 것이다.

실제로 절대다수의 불자들은 살아 움직이는 부처님들인 스님들을 믿고 의지하며 따르면서 불교를 신봉하고 있다. 다시 말해 스님이 있기 때문에 절에 나가는 것이다. 불교에는 무조건 따라야 할 절대적인 신(神)이 없다. 누구나 자신의 본래 모습에 신(佛性)을 담고 있기에 깨치면 부처님이 되기 때문이다. 재가불자들은 이 깨침을 자신들로서는 여러 형편상 이루기가 너무도 어렵다고 믿기

예불하는 스님들

에 스님들에게 더 큰 기대를 걸고 의지하는 것이다. 따라서 승단
을 이루고 있는 스님들은 자신들에게 걸려 있는 기대가 큰 만큼
더 큰 부담을 지고 있으며 대우를 받는 만큼 책임도 크다 하겠다.

5. 신앙생활과 사찰예절

재가불자의 신앙생활

　불자들의 신앙생활이란 부처님의 가르침을 한치의 어긋남도 없
이 받드는 일이다. 잡아함 33권 《우바새경》에 의하면 재가불자는
다음과 같은 여섯 가지 의무를 다해야 한다.

첫째는 삼보에 귀의해야 한다.

둘째는 부처님에 대한 무너지지 않는 믿음을 가져야 한다.

셋째는 깨끗한 계율을 지켜야 한다.

넷째는 정기적으로 절에 나가 설법을 들어야 한다.

다섯째는 인색함을 버리고 널리 보시해야 한다.

여섯째는 참다운 지혜의 가르침을 배워야 한다.

삼보에 귀의한다는 것은 불자의 제1조건이다. 부처님 당시에서부터 현재에 이르기까지 재가불자를 판별하는 기준은 그가 세속에 살면서도 '목숨을 마칠 때까지 삼보에 귀의하고 불법을 받들 것'을 약속했는지 안 했는지에 두었다. 불교 신도 가운데는 흔히 불교는 마음으로 믿는 종교이므로 마음만 깨끗하면 그만이라고 생각하는 사람이 있는데 이는 잘못이다. 마음으로 다짐했으면 그것을 밖으로 드러내서 분명하게 선언하고 다짐해야 한다. 절에서 모든 법회의 첫머리에 삼귀의를 하는 것은 이런 이유에서다.

삼보에 귀의하기를 다짐한 사람은 목숨이 다하도록 삼보를 외호하고 공경해야 한다. 삼보가 훼손되는 것은 곧 불법이 훼손되는 것이므로 삼보를 수호하는 데 모든 힘과 노력을 다해야 한다.

부처님에 대한 깨끗한 믿음을 갖는다는 것은 그분의 인격과 가르침에 대한 끝없는 존경과 믿음을 가져야 한다는 것이다. 세상에는 불교 외에도 수많은 종교가 있다. 그들은 저마다 진리를 내세우며 불자들을 유혹한다. 이때 불자는 어떤 외도나 이단마설에 넘어가서는 안 된다. 예를 들어 점을 치거나, 굿을 하거나, 또는 신에게 제사를 올리는 행위는 모두 그릇된 믿음이다. 부처님은 이런 삿된 믿음의 구름을 걷어내고 태양과 같은 정법을 밝게 하기 위해 가르침을 펼친 분이다. 따라서 추호라도 삿된 가르침에 빠져 부처님의 뜻에 어긋나는 행동을 해서는 안 된다.

깨끗한 계율을 지킨다는 것은 부처님이 가르친 다섯 가지 재가자의 계율을 지켜야 한다는 뜻이다. 부처님은 재가자가 지켜야 할 다섯 가지 계율을 다음과 같이 말씀했다.

첫째, 생명을 함부로 죽이지 말라.
둘째, 남의 재물을 가로채지 말라.
셋째, 정당하지 못한 성관계를 갖지 말라.
넷째, 거짓말을 하지 말라.
다섯째, 술을 마셔서 정신을 혼미하게 하지 말라.

이 계율은 불자가 수계를 할 때 다짐한 내용이다. 따라서 이 약속을 파기하면 파계(破戒)가 된다. 파계를 하지 않도록 늘 조심해야 한다.

또한 재가신자는 자주 절에 나가 설법을 듣는 일을 게을리 하지 말아야 한다. 설법은 재가자가 부처님의 가르침을 배우는 소중한 기회다. 이런 저런 핑계로 절에 나가기를 게을리 하고 설법을 듣지 않으면 믿음이 약해지고 마침내 진리의 가르침에서 멀어지게 된다. 따라서 정해진 법회날에는 반드시 절에 나가 설법을 듣는 데 게으르지 말아야·한다.

설법을 들을 때는 쉽다거나 어렵다는 생각을 내지 말고 마음을 비운 상태라야 한다. 자주 듣는 설법이라고 쉽다는 생각을 내면 게을러지기 쉽고, 반대로 어렵다는 생각을 내면 두려운 나머지 퇴굴심이 생기게 된다. 빈그릇이라야 가득 채울 수 있듯이 마음을 비우고 처음부터 끝까지 설법을 경청해야 한다.

또한 재가자는 인색함을 버리고 자주 널리 보시를 행해야 한다고 부처님은 가르친다. 보시는 재가자가 현세와 내세를 위해 큰 공덕을 쌓는 일이다. 가난한 사람이나 도움이 필요한 사람을 돕는 일은 그 공덕이 헤아릴 수 없이 크다고 부처님은 말씀하셨다. 또한 재가불자는 청정한 승단에도 보시해야 할 의무를 가진다. 승단은 재가자의 깨끗한 보시에 의해 운영 유지되며 이는 불법을 영속시키는 수단이 된다. 수행자는 무소유를 근본으로 하기 때문에 재가자는 물질적 보시를 통해 수행자를 공양하고 교단을 외호하는 책임을 져야 한다.

참다운 지혜의 가르침을 배우고 따라야 한다는 것은 부처님의 가르침인 사성제(四聖諦)를 배워야 한다는 뜻이다. 부처님은 중생이 고통의 현실을 벗어나 해탈에 이르고자 한다면 사성제의 진리를 바로 알고 실천해야 한다고 가르쳤다. 사성제란 불교의 가장 기본이 되는 교리다. 이에 대해서는 뒤에서 다시 설명하기로 한다.

1) 사찰의 구조

사찰이란 어떤 곳인가

사찰(寺刹)은 다른 말로 절·도량(道場)·가람(伽藍)이라고도 한다. 부처님을 모시고 예배 드리는 곳일 뿐 아니라 스님들이 생활을 하며 수행하는 곳이고 또 불교의 대중적인 교화활동이 벌어지는 곳이다. 그러므로 우리 불자들의 입장에서 사찰은 불·법·승의 삼보가 깃들어 있는 신성하고 거룩한 신행의 요람이자 불법의 전승과 전파가 이루어지는 성전이다.

사찰의 문

전통 사찰에는 여러 문들이 건립되어 있다. 그 중에서도 대문에 해당하는 입구의 일주문과 중턱의 천왕문 및 마지막의 불이문(不二門)은 보통 입구에서부터 법당을 바라보며 일직선상으로 배열되어 있는 경우가 많다. 이 세 개의 대문이 기본적인 산문(山門)이다.

사찰의 여러 전각

우리 나라 전통 사찰에는 여러 가지 크고 작은 전각들이 있고, 거기에는 각각의 이름들이 붙어 있어 제각기 ○○전, ○○각이라고 한다. 이와 같은 이름들은 아무렇게나 지어진 것이 아니라 그 건물에 모셔져 있는 불보살들에 따른 것으로서 건물의 이름을 보면 우리들은 그곳에 모셔진 분이 어느 분인지를 알 수 있다. 불보살이 모셔진 건물은 전(殿)이라 하고 산신·칠성 등 옹호신중이 봉안된 건물은 각(閣), 스님들이 거처하는 곳은 보통 당(堂)이라 한다.

① 부처님을 모신 건물

가장 일반적인 대웅전은 석가모니 부처님을 모신 건물이다. 대웅(大雄)은 부처님의 별명이다. 또 대웅전과 비슷한 것으로 대웅보전이 있는데, 이 경우에는 석가모니 부처님과 아울러 아미타 부처님과 약사여래 부처님을 함께 모신다.

한편 법신불인 비로자나 부처님을 본존으로 모신 건물은 비로전, 화엄전, 대적광전 등으로 부르고, 아미타 부처님을 모신 건물은 무량수전, 극락전, 아미타전 등으로 지칭하고 있다. 미륵 부처님을 모신 건물은 용화전, 미륵전 등으로 부르고, 약사여래 부처님을 모신 곳은 약사전이라고 한다.

② 보살을 모신 건물

보살들의 경우에도 관세음보살이 본존일 때는 관음전, 광명전, 대비전, 원통전 등으로 불리우고, 지장보살이 본존일 때는 지장전,

고운사 대웅보전

명부전 등으로 부르는데, 특히 명부전은 지장보살과 함께 명부의 시왕(十王)을 같이 모신 곳이므로 시왕전이라고도 한다.

이 밖에도 나반존자(那畔尊者)를 모신 독성각, 산신령을 모신 산신각, 용왕을 모신 용신각, 칠성님을 모신 칠성각 등이 있다. 이들은 모두 토속신앙이 불교에 포섭되면서 지어진 건물들이다.

2) 사찰에서의 예절

절에 갈 때의 예절

큰 절에 가보면 여러 개의 문이 있다. 절에 가려는 사람들은 이 문을 통과해야 한다. 본사와 같은 큰 절의 경우를 예로 든다면 일주문·천왕문·금강문·해탈문과 같은 문들이 차례대로 늘어서 있다. 법당까지 가려면 이 문을 다 통과해야 한다. 이는 구도의 길을 걸어서 진리를 깨달으려면 수많은 관문을 통과해야 한다는 의미이기도 하다.

절 입구에서 가장 먼저 만나는 문은 일주문(一柱門)이다. 여기서부터 사찰의 경내지가 시작된다는 표지인 이 문은 세속과 출세간의 경계이기도 하다. 일주문은 양쪽에 기둥을 하나씩만 세워서 만든 문이기 때문에 붙인 이름이다. 그러나 절에 따라서는 양쪽 기둥을 하나 이상씩 세운 것도 있다. 따라서 일주문은 기둥을 일렬로 세워서 만든 문이라고 이해하면 된다.

일주문에는 산명과 사찰명을 새긴 커다란 편액을 단다. 설악산 신흥사의 경우는 '설악산 신흥사'라는 편액을 걸었다. 대구 동화사의 경우는 '팔공산 동화사 봉황문'이라는 편액을 걸고 있다. 한편 일주문 양쪽 기둥에는 다음과 같은 주련을 달아 놓는다.

이 문 안으로 들어와서는(入此門內)
안다는 생각을 갖지 말라(莫存知解)

이 주의 사항은 사찰에 오는 사람이 어떤 마음을 가져야 하는지를 말해 주는 것이다. 다시 말해 세속적 지식이나 가치관으로 불교의 가르침을 재단하려는 어리석음을 버려야 한다는 것이다. 다시 말해 겸손하고 깨끗한 마음이어야 한다는 것이다. 그래서 불자들은 일주문을 들어서는 순간 합장을 하고 법당 쪽을 향하여 공손하게 허리를 굽히는 인사(半拜)를 올린다. 사찰의 출입 예절은 여기서부터 시작된다.

절 안에서의 예절

옛 속담에 '절에 간 색시'라는 말이 있다. 갓 시집온 새색시의 몸가짐은 공손하고 부드럽고 예의 바른 것이어야 한다. 그런 새색시가 절에 갔다면 그 몸가짐은 더욱 조심스럽고 공손해야 할 것임은 두말할 나위가 없다. 걸음걸이 하나, 옷매무시 하나라도 경건한 마음가짐을 가지고 매사를 조심스럽게 행동하여야 한다는 뜻이다.

우선 절에 갈 때의 복장은 가급적 단정해야 한다. 파티에 나가는 것처럼 화려한 성장도 어울리지 않지만 반대로 집안에서 입는 옷 그대로 입고 오는 것도 피해야 한다. 집안의 웃어른을 뵈올 때처럼 깨끗하고 단정한 옷이면 무난하다. 젊은 여성의 경우는 지나치게 노출이 심한 옷은 피해야 하며 예배할 때 불편하지 않는 옷을 입는 것이 좋다.

절에서 예배해야 할 곳은 탑과 불전이다. 탑은 부처님 사리나 또는 법신사리인 경전을 봉안한 신성한 곳이다. 부처님이 열반한 직후 아직 불상이 조성되지 않았을 때 불자들은 탑을 예배하는 것이 가장 중요한 신앙생활이었다. 탑은 부처님의 뼈(사리)가 모셔진 곳이므로 부처님 그분을 찾아뵙듯이 탑을 예배했던 것이다. 따라서 탑을 예배할 때는 부처님을 뵙듯이 공경의 마음으로 서서 반배로 삼배를 올리는 것이 불교의 예절이다. 탑을 예배할 때는 합장을 하고 탑을 돌기도 하는데 이를 '탑돌이'라고 한다. 탑돌이는 우요삼잡(右繞三匝)이라 해서 오른쪽으로 세 번 돌도록 되어 있다.

절에 와서는 우선 법당에 들어가서 부처님께 예배하는 것이 예의다. 남의 집을 방문했을 때 어른부터 찾아뵙는 것이 순서인 것과 마찬가지다. 법당은 대개 다른 건물보다 높은 곳에 위치하고 있어서 올라가는 계단이 있다. 계단은 중앙 계단과 좌우의 계단이 별개로 있는 경우도 있고 넓은 중앙 계단 하나만 있는 경우도 있다. 계단을 오를 때는 중앙 계단을 피하여 오른쪽 또는 왼쪽 계단을 이용하여 올라가야 한다. 계단이 하나만 있는 경우에는 가운데를 피하고 양쪽의 갓길로 올라가야 한다.

법당에 들어가는 법

절에서 행동할 때 법당 안이나 밖 어디서든지 가운데 자리는 가급적 피하는 것이 예의다. 법당을 출입할 때도 가운데 문이 아닌 옆문으로 해야 한다. 우리 나라 사찰의 구조는 법당에 여러 개의 문이 있다. 정면에 중앙문이 있는데 이를 어간문이라 한다. 양쪽 옆에도 각각 하나씩 문이 있는데 이 문은 큰 행사 때가 아니면 자주 열지 않는 문이다. 사람이 출입하는 문은 법당 좌우의 측면 벽에 있는 쪽문이다. 법당에 출입할 때 가운데 문을 이용하지 않고 좌우의 쪽문을 이용하는 것은 부처님 앞에서 자기를 가장 낮춘다는 마음의 표시다. 법당에 들어설 때는 왼쪽 문에서는 왼쪽 발, 오른쪽 문에서는 오른 발을 먼저 들여 놓아야 한다. 법당에 들어서서는 입구에서 먼저 반배를 하고 나올 때도 입구에서 다시 반배를 하고 나온다.

법당에서 행동하는 법

불자가 법당에 들어가는 것은 대체로 두 가지 일을 하기 위해서다. 첫째는 예배를 하기 위해서고, 둘째는 법회나 공양을 올리기 위해서다.

예배를 할 때는 촛불을 켜고 향을 사루는 것이 보통이나 이미 향과 촛불이 밝혀져 있으면 하지 않아도 된다. 어떤 사람은 다른 사람이 켜놓은 촛불과 향을 끄고 자기가 가져온 새것으로 바꾸려고 하는데 그래서는 안 된다. 미리 준비한 향초라 하더라도 탁자 위에 올려 놓으면 나중에 공양하는 데 사용하게 된다.

법당 안에서 예배할 때는 가운데 자리를 비켜서 좌우의 옆자리에서 해야 한다. 예배는 보통 삼배나 칠배를 하는데 순서는 먼저 반배를 하고 큰절을 한 다음 다시 반배를 하고 끝낸다. 예배를 하고 나올 때 다른 사람이 없으면 화재를 막기 위해 반드시 촛불을 끄고 나와야 한다. 촛불을 끌 때는 먼저 합장 반배를 하고 끈 다음 다시 반배를 한다. 촛불을 끄는 요령은 입으로 혹 불어서 끄는 것이 아니라 왼손을 가리고 오른손으로 부채질 하듯 꺼야 한다. 향로에 향이 너무 많이 꽂혀 있으면 향내 때문에 머리가 아플 수도 있으므로 몇 개만 남겨 놓고 꺼두는 것이 좋다.

여럿이 함께 법회나 불공을 하기 위해 법당에 들어갔을 때의 예절도 여기서 크게 벗어나지 않는다. 다만 이때 조심할 점은 다른 사람들에게 방해가 되지 않도록 하는 것이다. 예를 들어 다른 사람의 출입과 예배를 방해하지 않도록 조심해야 한다. 특히 좁은 공간에 모이는 것이므로 줄을 지어서 앞자리부터 채워 앉아야 뒤에 오는 사람이 법당 안을 번거롭게 왔다갔다 하는 일이 없어진다.

법당 안에서 움직일 때는 소리가 나지 않도록 발뒤꿈치를 들고 조용히 걸어야 한다. 이때도 부처님전에 예배하는 다른 법우의 머리맡을 지나지 않도록 해야 한다.

법회가 끝나고 법당을 나설 때는 한꺼번에 일어나 소란스럽지 않게 해야 한다. 출입구가 복잡하므로 맨 뒤에 있는 사람부터 차례대로 일어나 나와야 한다. 이때 각자의 신발이 바뀌지 않도록 각별히 조심해야 한다.

합장하는 법

불자의 가장 기본적인 인사법은 합장이다. 합장이란 글자 그대로 두 손바닥을 마주 합하는 모양을 말한다. 이렇게 손바닥을 합치는 것은 나의 마음을 모으고 나아가서 나와 남이 따로 없이 하나의 진리 위에 합쳐진 동일 생명이라는 것을 나타내기 위해서다.

합장에는 손을 연꽃 모양으로 마주 합하는 연화합장과 손가락을 교차하여 마주하는 금강합장이 있다. 이 중 가장 일반적인 인사법은 연화합장이다. 이 합장은 두 손바닥이 가볍게 밀착하여 마치 다섯 손가락이 연꽃잎처럼 되어야 한다. 특히 엄지손가락 또는 새끼손가락이 따로 떨어지는 경우가 많으므로 떨어지지 않도록 유의하여야 한다.

합장한 두 손은 앞가슴 명치 끝에 가볍게 붙이되 너무 경직되지 않도록 한다. 합장한 두 손끝이 턱밑 10센티미터 정도에 이르도록 하는 것이 자연스럽다. 합장한 두 팔은 일직선에 가깝도록 하되 너무 딱딱한 느낌이 나지 않도록 하는 것이 좋다. 이렇게 합장을 한 채 공손하게 반쯤 허리를 굽혀서 하는 절을 반배라 한다.

예배하는 법

불교에서 예배를 오체투지(五體投地)라고도 하는데 이는 몸의 다섯 부분이 반드시 땅에 닿아야 하기 때문에 붙여진 이름이다. 이때 오체라 할 수 있는 몸의 다섯 부분은 이마와 좌우 팔꿈치, 좌우의 무릎을 말한다.

절하는 동작을 순서대로 구분하면 대개 무릎을 꿇는 동작, 오른손부터 땅을 짚는 동작, 왼손과 이마를 땅에 대는 동작, 손바닥을 위로 하여 부처님을 받드는 동작으로 나눌 수 있다. 먼저 무릎을 꿇고 오른손을 땅에 댈 때에는 땅에 딛고 있는 발을 펴서 발등이 땅에 닿도록 한다. 동시에 합장한 손을 풀어 오른손으로 오른쪽 무릎 앞의 땅을 짚되 이마가 땅에 닿을 위치를 고려하여 적당한 거리를 잡은 다음 왼손과 이마를 땅에 댄다. 앞의 동작에서 이미 오체투지의 큰절을 할 모든 준비가 완료되었으므로 이 동작에서는 허리를 더 깊이 숙이면서 가슴 근처에 남아 있는 왼손을 오른손과 적당한 간격으로 나란히 하여 왼쪽 무릎 앞에 놓고 머리를 그대로 숙여서 이마를 두 손 사이의 땅에 닿도록 한다. 이때 몸을 숙이는 반동에 의하여 둔부가 발에서 떨어져서는 안 된다. 완전히 오체투지가 이루어진 후에 두 손을 뒤집어 약간 들어올린다. 오체투지는 부처님 당시 존경하는 사람의 발을 받드는 접족례(接足禮)에서 유래되었기 때문에 부처님의 두 발을 받드는 것과 같은 모양을 짓는 것이다.

예배는 삼보에 대한 최고의 예경이다. 절을 한다는 행위는 자기 자신을 철저하게 낮추고 상대방을 공경한다는 마음을 표시하는 것이다. 예배할 때 공경과 귀의의 마음이 없으면 이는 단순한 굴신 운동에 지나지 않는다. 예배를 할 때는 108배를 하거나 1000배를 하거나 오직 자기를 낮추고 예배 대상에게 깊은 귀의의 마음을 갖는 것이 가장 중요하다.

앉는 법과 서는 법

불자가 절에 가서 법당이나 방에 오래 앉아 있게 될 때는 상황에 따라 두 가지 방법이 있다. 법당에서 예배를 하거나 방에서 큰스님을 친견하고 법문을 들을 때는 두 무릎을 꿇고 앉는 것이 최고의 경례를 표시하는 방법이다. 독경을 할 때도 무릎을 꿇고 하는 습관을 들이는 것이 좋다.

좌선을 할 때나 방에서 대화를 할 때는 반가부좌를 하면 된다. 반가부좌는 오른쪽 무릎을 밑에 놓고 왼쪽 발을 오른쪽 무릎 위에 가볍게 올려 놓는 자세다. 이때 허리는 꼿꼿하게 펴야 한다. 스님들은 좌선할 때 결가부좌도 하는데 이는 훈련이 안 된 사람에게는 오히려 불편하다. 좌선할 때 손의 위치는 선정인을 지어서 단전 부근에 위치하도록 하면 된다. 선정인은 오른손 바닥을 밑에 왼손을 위에 올리고 엄지손가락은 마주 닿도록 하는 모양을 말한다. 대화할 때는 두 손을 무릎 위에 자연스럽게 올려 놓으면 된다.

법당에서 있을 때는 두 다리를 모으고 합장을 하고 있으면 된다. 보통 불보살의 명호를 부르는 정근 때 이런 자세를 취한다. 밖에서 대화할 때는 두 손을 늘어뜨린 채 차수를 하는 것이 바른 예절이다.

그 밖의 예절

절에 가서 큰소리로 웃거나, 가래침을 함부로 뱉거나, 먹을 것을 입에 물고 돌아다니거나, 껌을 씹거나 하는 행위는 예의에 벗어나는 것이니 각별히 조심해야 한다.

6. 불교의 의식

1) 법회

법회 참석은 신도들에게 있어 가장 기본적이며 일반적인 신행이다. 불자라면 반드시 지정된 법회에 참석하여 설법을 듣고 부처님의 가르침을 배워 실천해 나가기를 게을리 해서는 안 된다. 또한 이웃이나 친지에게도 법회의 동참을 권해 함께 설법을 듣게 해야 한다. 경전에 따르면 '삼천대천세계를 칠보로 장엄해서 보시하는 공덕보다 이웃에게 부처님의 말씀 한마디를 가르쳐 주는 공덕이 더 크다'고 했다. 어째서 그런가 하면 부처님의 가르침은 삼계중생을 고통으로부터 해탈케 하는 행복의 길이므로 남에게 그 길을 권한다는 것은 어떤 재물을 나누어 주는 것보다도 훌륭한 일이기 때문이다. 따라서 불자라면 자신이 법회에 참석하는 것은 물론이거니와 반드시 남도 법회에 참석하도록 권해야 한다.

법회는 불법을 설하기 위한 모임이나 불사를 행하기 위한 모임이다. 삼국시대부터 행해 오던 많은 불교행사도 엄격히 보면 이 법회에 포함된다. 예로부터 행해 오던 법회로는 팔관회·연등회·방생회·각종 재·점찰법회·결사 등 그 종류가 수없이 많다.

오늘날의 법회도 그 목적하는 바에 따라 갖가지로 나뉜다. 크게는 법사가 법문을 설하고 법문을 청해 듣는 일반법회와 사찰 및 불교단체에서 불경을 강의하고 교리를 설하는 정기법회, 여러 불교명절에 행해지는 축일법회, 특별히 시설되는 특별법회 등이 있다. 현재 우리 나라 불교에서는 도시 사찰의 경우 보통은 이레에 한 번씩 정기법회를 갖고 있으며 농촌이나 산중 사찰의 경우는 음력 초하루와 보름에 한 번씩 법회를 갖고 있다. 이 밖에도 사찰에 따라서는 관음재일이나 지장재일 등 재일법회를 여는 곳도 있으며 이런 여러 가지 법회를 혼용해서 개최하고 있는 곳도 있다. 이는 각 사찰의 형편과 특성에 따른 것이다.

법회의 형식은 대개 다음과 같은 순서로 진행된다.

1. 삼귀의례
2. 찬불
3. 독경
4. 입정
5. 청법
6. 설법
7. 정근과 공양

8. 사홍서원

이를 조금 자세히 설명하면 다음과 같다.

법회가 열리기 전 불자들은 먼저 법당에 들어가 촛불을 켜고 향을 피운 다음 예배를 한 뒤 법회가 시작되기를 기다린다. 법회 시간이 되면 법사가 나와 삼귀의례를 이끈다. 삼귀의례는 과거에는 한문으로 된 의식을 했으나 요즘은 찬불가로 하는 것이 일반화돼 있다. 삼귀의 다음에는 부처님의 공덕을 찬탄하는 찬불가를 부른다. 이어 독경 순서에는 널리 알려진 《반야심경》을 암송한다. 경전은 한문으로 된 경문을 외우는 것이 보통이지만 사찰에 따라서는 한글로 번역된 경을 읽기도 한다. 독경이 끝나면 불자들은 일단 마음을 가다듬는 입정을 한 뒤 다시 법사의 설법을 청하는 청법가를 부른다. 법사가 설법을 끝내면 불자들은 '석가모니불'의 명호를 부르는 정근을 하고 이때 승단에 보시를 한다. 정근이 끝나면 마지막으로 사홍서원(四弘誓願)을 하고 끝낸다. 사홍서원은 다음과 같다.

> 맹세코 중생을 다 건지오리다(衆生無邊誓願度)
> 맹세코 번뇌를 다 끊으오리다(煩惱無盡誓願斷)
> 맹세코 법문을 다 배우오리다(法門無量誓願學)
> 맹세코 불도를 다 이루오리다(佛道無上誓願成)

2) 예경의식

도량석

사찰에서는 매일 새벽 예불을 하기 전에 도량을 청정히 하기 위해 목탁을 치며 도량 구석구석을 돌며 염불을 한다. 이를 도량석이라 한다. 도량이란 불도를 수행하는 장소 즉 절이나 포교당 암자를 말한다. 대개 절에는 사원청규가 있어 대중들이 일정한 규칙 속에서 생활하게 마련이다. 저녁에는 10시에 자고 아침에는 3시에 일어난다. 잘 때는 취침종을 울리고 아침에는 도량석을 하여서 잠을 깬다.

도량석은 가장 먼저 일어난 부전 스님이 큰 법당에 향과 촛불을 켜고 삼배를 한 뒤 법당 앞으로 나와 목탁을 낮은 소리로부터 점차 높은 소리로 올렸다 내리는 것을 세 차례 하고 목탁석에 맞추어 《천수경》〈사대주〉〈약찬게〉〈참회게〉〈참선곡〉 등 필요에 따라 택하여 송하면서 도량을 돈다. 선방에서는 조용히 목탁만 울려 잠을 깨우는 경향이 있고 〈증도가〉나 《금강경》을 많이 읽고 있다.

하루일과 중 도량 내의 최초 의식으로 도량을 맑게 하고, 도량

도량석

안팎의 호법신장이 예불심을 일으켜서 모든 잡귀를 몰아내며, 주위의 짐승과 미물에 이르기까지 피해를 입지 않도록 안전한 장소로 들어가게 하는 자비스러운 뜻도 있다. 우리 나라에서는 보통 새벽 3시에 도량석을 한다.

종송(쇳송)

종을 치며 하는 독송으로 새벽종송과 저녁종송이 있다. 새벽종송은 도량석이 끝나는 것과 동시에 작은 소리로부터 큰 소리로 점차 높이 울린 다음 게송을 하면서 종을 치게 된다. 그 의미는 아미타불의 위신력과 극락세계의 장엄을 설하여 지옥의 고통받는 유주무주의 중생들이 종송을 듣고서 불보살님께 귀의 발원하여 왕생극락하도록 구제하는 데 있다. 저녁종송은 저녁예불 전에 타종 다섯 번을 하면서 송하는데 그 내용은 다음과 같다.

> 이 종소리 듣는 중생 번뇌를 끊고(聞鐘聲煩惱斷)
> 지혜는 자라고 보리심을 일으키라(智慧長菩提生)
> 지옥을 여의고 삼계를 뛰어넘어서(離地獄出三界)
> 부처를 이루어 중생을 제도하시라(願成佛度衆生)
> 파지옥지언 '옴 가라지야 사바하'

조석예불

예불은 아침과 저녁 부처님께 예배하는 의식을 말한다. 절에서 아침예불은 수행의 시작이며 저녁예불은 하루를 반성하여 마감하는 의식이다. 이 의식에는 절에 있는 모든 대중이 함께 참석해야 한다.

아침예불의 순서를 보면 도량석을 하는 동안 대중은 모두 일어나 세면을 하고 법당에 들어가 우선 불전에 삼배를 드리고 조용히 앉는다. 도량석이 끝나는 것과 함께 낮은 소리로부터 종송이 시작되고 이어서 사물이 여법하게 울린다. 대개 북을 치고 종을 치는데 아침에는 28회, 저녁 33회를 친다. 이어 목어와 운판을 친다. 이어 대중들은 아침예불을 올린다.

아침예불은 청정수를 올리고 다게례(茶偈禮)를 한 다음 예불문에 맞추어 삼보에 귀의하는 장엄한 예불을 드리게 된다. 예불문은 '지심귀명례(至心歸命禮)'라는 말부터 하는데 이는 지극한 마음으로 자기의 생명을 던져 불교에 귀의한다는 뜻으로 귀투신명 예불 귀명정례라고 한다. 예불문의 내용은 삼보에 귀의하고, 문수보살·보현보살·지장보살에 귀의하고, 전등해 온 일체 선지식께 귀의하며, 그 덕을 찬탄하고 원을 세우며, 온 중생에 회향하는 것으로 되어 있다. 예불이 끝나면 발원을 한다. 발원은 하루 속히 성불하여 일체중생을 제도하겠다는 다짐이다. 이어 신중단을 향하여 《반야심경》을 읽는다. 《반야심경》을 읽는 것은 불법을 외호하는 신중들에게 부처님의 법문을 들려 주기 위해서다.

아침예불이 끝나면 각 사찰에 맞게 참선과 정근 등 절의 일정에 따라 수행을 하게 된다.

저녁예불은 저녁종송을 하고, 오분향례에 이어 예불문에 맞추어 예불하고, 중단에는 《반야심경》을 하고 끝낸다.

큰 절에서는 아침예불에는 다게례, 저녁예불에는 오분향례를 행하는 것이 전통이지만 요즘은 아침저녁 모두 오분향례를 하는 경우가 많다.

각단예불

큰 절에는 대웅전 외에도 여러 불보살을 모신 전각이 있다. 이

전각에도 예불을 올리는데 여기에는 대중들이 모두 참석하지 않고 각단을 맡고 있는 노전(爐殿) 스님이 혼자서 한다. 아침에는 각단부터 먼저하고 나중에 큰법당에 모여 예불을 하고 저녁에는 큰법당 예불을 먼저하고 나중에 각단예불을 올린다.

《석문의범》에 보면 큰법당에서 드리는 예불문과 각 전각에서 드리는 예불문이 있다. 큰법당에서 드리는 예불문으로는 향수해례 · 오분향례 · 칠처구회례 · 사성례 · 대예참례 · 관음예문례 등 아홉 종류가 나온다. 그리고 각 전단에서 드리는 예불문도 극락전 · 팔상전 · 약사전 · 용화전 · 대장전 · 관음전 · 나한전 · 명부전 · 신중단 · 산왕단 · 조왕단 · 칠성단 등이 있다. 향수해례란 연화장엄세계에 두루 계시는 모든 불보살의 명호를 부르면서 15배의 절을 하는 것이고, 대예참례와 소예참례는 시방삼세 부처님의 명호와 이력을 낱낱이 부르면서 예참하는 것이다. 오분향례는 계향 · 정향 · 혜향 · 해탈향 · 해탈지견향의 오분향으로써 예불을 드리기 때문에 오분향이라 하는데 이것은 오분법신을 향에 비유한 것으로 인격 형성의 다섯 가지 과정을 상징한 것이다. 칠처구회례는《화엄경》에서 아홉 번 설법한 것(80권본 화엄경)을 낱낱이 기억하여 예배 드리는 것이다. 사성례는 극락세계에 있는 아미타불과 관세음 · 대세지 · 일체청정대해보살님께 예배 드리는 것이다. 강원상강례는 학인들이 강의받기 전에 예배 드리는 의식이다.

3) 공양의식

불공

　불공이란 글자 그대로 부처님께 올리는 공양의식을 말한다. 부처님은 생존해 계실 때 사시(巳時)에 한번 공양을 하였다고 하는

데 이에서 연유해 오전 10시부터 11시 사이에 공양을 올린다. 공양물로는 육법공양(六法供養)이라 하여 부처님을 공경하는 마음으로 향·등불·꽃·차·과일·쌀 등을 올리는 것이 전통이다. 보통은 밥을 지어 올린다. 이를 마지(摩旨)라고 한다. 공양은 부처님 당시에는 생존해 계신 부처님과 스님들께 공양을 올렸으나 입멸하신 후에는 부처님의 사리탑이나 불상·탱화 등을 숭배의 대상으로 하여 거기에 공양을 올렸다. 공양의식은 불공의 대상에 따라 미타청·약사청·미륵청·관음청·지장청 등 여러 종류가 있다. 각각의 부처님과 보살·호법신을 따로따로 모시어 공양을 청하는 것을 각청이라 하고 이를 모두어 전체적으로 공양을 청하는 것을 제불통청이라 한다. 제불통청은 불·법·승 삼보를 통괄적으로 초청하여 공양을 올리는 의식이므로 삼보통청이라고도 한다.

불공의 순서를 간단히 살펴보면 먼저 《천수경》과 정삼업진언 개단진언·건단진언·정법계진언을 외우고, 거불·보소청진언·유치·청사를 한 뒤 꽃과 향으로 청하는 향화청을 하고, 다음에 부처님을 찬탄하는 가영을 한다. 진리를 안내하는 헌좌진언과 정법계진언을 하고 차를 올리는 다게를 한다. 그리고 진언으로써 공양을 권하는 진언권공을 하는데 공양물에 대한 여러 가지 설명을 드리는 사다라니를 외운다. 이어 불공에 참석한 사람들을 낱낱이 소개해 올리고 인사를 드리는 예참을 한 뒤, 그 날의 초청 주인공의 명성을 칭송하는 정근을 한다. 공양이 다 끝나면 공양재자를 찬탄하는 축원을 한다. 이것은 부처님 당시 공양청을 갔던 사람들이 스님들을 찾아가 예배를 드리고 모시게 된 연유를 밝힌 뒤 청공대중의 숫자를 아뢴 것으로부터 시작된 것인데 거불과 보소청진언·유치·청사도 모두 그러한 연유에서 발생한 것이다.

'거불'은 불타부중과 달마부중과 승가부중께 삼배의 예를 올리

는 것이고, '보소청진언'은 모시러 온 것을 아뢰는 것이다. '유치'
는 모시게 된 까닭을 밝히는 것이며 '청사'는 여러 불보살님께 공
양받기를 받들어 청하는 내용이다. 끝으로 '축원'은 몇 명을 중심
으로 그들의 숫자와 소원을 아뢰는 것이다. 그리고 불공을 드리기
전에 《천수경》의 정법계진언을 외우는 것은 청공대중들을 모실
장소를 청결히 하고 거기에 단을 배설하고 건립한 것을 명시한 것
이다. '정삼업진언'은 몸과 입과 뜻을 청정히 하는 것이고, '개단
진언'은 단을 건립하는 것이며, '정법계진언'은 도량을 깨끗이 하
는 것이다. 기타의 청도 이에 준하여 행한다.

4) 수행의식

수계의식

　계란 불자들이 일상생활에서 지켜야 하는 규범을 말한다. 계는
잘못된 것을 막고 악을 그치게 하여 날로 선을 증장시킨다고 하여
계학·정학·혜학의 삼학 중에 계학에 넣어 중시하고 있다. 계의
양상에 따라 소승계와 대승계가 있고 대승계에는 삼귀계·삼취정
계·십중금계·48경계 등의 재가계와 비구의 250계, 비구니의
348계, 사미계, 사미니계가 있다. 이 같은 계는 수계의식을 통해
설해지며, 불자들은 수계의식을 통해 청정한 계를 지킬 것을 다짐
하게 된다. 스님들의 수계를 득도(得度)라고도 하는데 이로부터
생사윤회에서 해탈을 얻게 되기 때문이다. 따라서 재가불자도 재
가5계를 수계해야 그때부터 참다운 불자가 된다고 할 수 있다.
　계를 받기 위해서는 3사 7증의 덕이 높은 스님을 모신다. 삼사
란 계를 주는 계화상과 계단에서 구족계를 받는 이에게 지침이 되
는 스님인 갈마사 그리고 수계하는 제자의 위의 작법 등을 가르쳐

수계식

주는 스님인 교수사를 말하며, 칠증은 덕이 높은 일곱 분의 스님으로서 수계를 증명해 주는 법사다.

수계의식의 절차는 계를 받기 전에 하는 예경으로 정구업진언·거불·보소청진언을 독송하고 유치에서 수계의 취지를 부처님께 아뢰고, 부처님께서 강림하셔서 증명해 주시고 공양을 받으시라는 청사로부터 헌좌진언·정법계진언·다게까지를 한다. 설계에서는 계사가 계단에 올라 계를 주는데 먼저 계를 받아 불퇴전하라는 법문의 청사를 하는 중에 수계자는 불전에 분향 삼배하고, 국가에 삼배하고 이어 부모에 삼배하고 무릎 꿇고 앉는다. 이어 출가자는 속의를 벗고 부모에 재차 허락을 청하는 삼배를 하고 수계사가 승려가 될 뜻을 묻는 데에 답한다. 승명을 받고 가사를 받은 다음 계를 받는다. 계를 받을 때는 한 조목 한 조목씩 설하여

받게 되며 다 받았으면 회향게를 하여 수계의식을 마친다. 다음에
는 낳아서 출가시켜 준 부모에게 배례하며 부모는 반배례를 하고
이어 불전에 상공축원을 한다. 이 중에서 각각에 맞는 계를 받고
그에 따라 절차도 가감한다.

5) 장례 · 천도의식

영결식

　죽은 사람을 전송하는 의식으로 발인식이라고도 한다. 임시로
단을 만들고 제물을 정돈한 뒤 영안실에 모셨던 영구를 모시고 나
와 제단 앞에 모신다. 법주가 12불을 외우면서 극락세계 아미타불
과 좌우보처 관음 · 세지, 대성인로왕보살들께 예불을 하고 제문을
낭독한다.

　제주가 잔을 올리면 법주가 착어를 한 후 '보방광명향장엄 종종
묘향집위장 보산시방제국토 공양일체대덕존' 등을 하며 다장엄 ·
미장엄을 통하여 영가와 고혼들께 올리고 '법력난사의 대비무장애
입립변시방 보시주법계 금이소수복 보첨어귀취 식이면극고 사신
생락처' 법문을 일러준다. 대중이 다 같이 《반야심경》을 독송한
뒤 추도문을 낭독하고 동참자들이 순서대로 소향한다. 소향은 먼
저 상주부터 하여 가까운 일가친척 친지 순으로 하고 꼭 올려야
할 분이 있으면 잔을 올리기도 한다.

다비(茶毘)의식

　불교 장례의식 가운데 특히 화장의식을 다비라고 한다. 범어 자
피타(jhāpita)로서 사비(闍毘) · 사유(闍維)라 음역하기도 하고 분
소(焚燒) · 소연(燒燃)이라 번역하니 곧 시체를 화장하는 일이다.

　다비는 나무와 숯·가마니 등으로 화장장을 만들고 거기에 관을 올려 놓은 뒤 거화(擧火)를 외운다. 불은 5월·9월에는 서쪽부터 거화하고, 2월·6월·10월은 북쪽부터 놓으며, 3월·7월·11월에는 동쪽에서부터 놓고, 4월·8월·12월에는 남쪽에서부터 놓는다. 불이 타면 미타단에서 불공을 드리고 영가를 일단 봉공한 뒤에 위패를 만들어 창의(唱衣)한다.

　시신이 어느 정도 타면 뼈를 뒤집으며 기골(起骨)을 하고 완전히 다 타서 불이 꺼지면 재 속에서 뼈를 수습하는 습골(拾骨)을 하고, 뼈를 빻는 쇄골(碎骨)을 하고, 마지막 재를 날리는 산골(散骨)을 한다.

천도의식

　망자의 영혼을 좋은 극락으로 보내기 위한 의식이다. 주로 독경, 각종 법회, 시식, 불공 등으로 행해지며 종류도 49재·100일재·연년기재·소상·대상 등 정기적 천도재와 수륙재, 특별히 필요에 따라 시설하는 부정기적인 천도재 등이 있다. 정기적인 재의 경우 7일부터 7·7일재와 100일재·소상·대상을 합하여 10번을 하는데 이는 명부시왕에게 심판을 받는다는 명부왕 신앙에 근거한 것이다. 이 중에서도 49재를 가장 중시하는 것은 명부시왕 중에서 가장 대표적인 염라대왕이 49일째 되는 날 심판하기 때문이라고 한다.

　행하는 의식절차에 따라서 상주권공재(常住勸供齋)·각배재(各拜齋)·영산재(靈山齋) 등의 몇 가지로 나눈다. 가장 일반적인 것이 상주권공이고, 여기에 명부신앙 의례를 첨가한 것이 각배재이며 법화신앙을 가미한 것이 영산재다.

　절차는 시련(侍輦)에서 영가를 맞아들이고, 대령(對靈)에서는 영가를 간단히 대접하여 예배케 한다. 관욕(灌浴)에서 불보살들을 맞이하기 위하여 영가를 목욕시키고 신중작법(神衆作法)으로 불법의 도량을 잘 수호하도록 모든 신중들을 맞아들인다. 각종 시식(施食)으로 영가를 대접하고 봉송(奉送)의식을 행하여 불보살과 영가를 배송한다.

시식

죽은 자를 천도하여 극락정토에 왕생시키기 위해 재를 올리고 법식을 주면서 법문을 들려 주고 경전을 읽어 주며 염불을 해 주는 의식, 또는 스님에게 재식을 공양하는 것과 아귀에게 음식을 베풀어 먹이는 의식 등을 말한다.

일반 재인 경우 의식절차는 먼저 사찰 입구에서 영가를 맞아들이는 시련을 하고, 먼 곳에서 온 영가에게 우선 간단한 다과를 대접하고 예불하게 하는 대령을 행하고, 다음으로는 영가가 세세생생에 걸쳐 지은 생사업보의 때를 씻고 법문을 듣는 관욕을 한다. 이어 시식을 통하여 법식을 받는다. 이때 일체의 아귀, 유주무주 고혼도 함께 청하여 법식을 받도록 한다. 끝으로 봉송편에서는 불전에 하직인사를 하고 유족의 인사를 받고 극락으로 돌아가도록 한다.

시식의 종류로는 전시식·관음시식·화엄시식·구병시식이 있다. 전시식은 일체의 외로운 영혼을 지장보살의 위신에 의탁하여 음식을 베푸는 것이다. 시식은 영혼에 올리는 불교식 제사의례로서 반드시 시식 전에 불보살께 귀의하는 일반적인 의식을 하고 나서 하단에서 행한다.

제사와 영반

신령에게 음식을 바치며 기원을 드리거나 돌아가신 이를 위해 추모 의식을 갖는 것이다. 옛 사람들은 천지 자연의 변화에 대하여 경이로움을 갖고 여기에 초월자 또는 절대자를 상정하고 삶의 안락을 기원하기 위하여 제사를 지냈으며, 하늘과 땅, 해와 달, 별과 산, 강에도 초인적인 힘이 있다고 믿고 거기에 안녕과 복을 빌었다. 또 인간이 죽은 뒤에는 혼령이 있다고 하여 혼령을 숭배하였는데 이로부터 조상숭배의 의식이 생겼다.

불교에서는 윤회를 믿기 때문에 조상이나 영가의 위패를 절의 법당에 모시고 조석예불에 독경을 빼지 않으며 7월 백중에는 이들을 위해 특별 법회를 열기도 한다. 이것은 목련 존자가 어머니를 천도한 우란분재에서 연유한 것이지만 불교에서 제례의식은 장엄하고도 장중하다. 대령·관욕은 물론 법사 스님들을 초청하여 법문을 일러주는 경우도 있고 가족이 함께 독경하여 영혼의 길을 밝혀 주기도 한다. 제사의식은 유교와 비슷하나 독경의식이 더 있고 유교처럼 형식을 강조하지 않고 정성을 중시하며, 제사 시간도 특별히 낮과 밤을 구별하지 않고 행한다.

방생의식

방생은 생명의 존엄성을 깨우쳐 주는 의식이며 선업을 짓는 적극적인 자비의 행이다. 죽어 가는 산물고기들을 놓아 주는 의식을 통하여 죽음에 처한 생명을 구제하고, 나아가서 질병과 굶주림에 고통받는 이웃을 도우며, 생사고해에서 윤회하는 중생을 구제하는 데에 이르기까지 방생의 의미는 매우 깊다. 부처님께서 살생은 과거의 부모 형제를 살해하는 것이고 미래의 부처님을 죽이는 행위로서 생명의 기본 질서를 파괴하는 큰 죄악이라 하셨다. 생명의 가치와 인간의 존엄성을 깨우쳐 주는 것은 불교의 사명으로 최근 생태계를 위협하는 환경문제와 함께 생각해 볼 때 방생의 정신을 실현하는 것은 불교인의 사명이다. 언제 어디서나 불안과 공포에 처한 중생계의 생명을 삼보께 귀의하고 구도의 뜻을 일으키도록 하는 것이 바로 보살행이다.

방생회의 절차는 불보살을 청하는 봉청의식을 하고 《반야심경》을 독송하고 삼보의 위신력으로 누대의 업을 참회하여 멸하는 의식을 한다. 이어 생명을 불법에 귀의시키는 의식을 한다. 다음에는 미리 준비한 방생할 생명을 석방하고 불설왕생정토진언과 관음 정근을 한 후 축원을 하여 마친다.

7. 불교의 주요 명절과 의식

봉축법회는 불교의 4대 명절에 행해지는 법회로 부처님 오신날 봉축법회(4월 8일), 출가절(2월 8일) · 성도절(12월 8일) · 열반절 봉축법회(2월 15일)가 있다.

불탄절

불탄일의 기원은 《불소행찬》에는 4월 8일로 되어 있고, 《유행경》에는 2월 8일로 되어 있는데 우리 나라는 음력 4월 8일설을 채택하고 있다. 성탄법회의 순서는 ① 타종(33번)을 하고, ② 개회례에 이어, ③ 삼귀의례, ④ 찬불, ⑤ 독경, ⑥ 헌공, ⑦ 기념사, ⑧ 청법가, ⑨ 입정, ⑩ 설법을 하고, ⑪ 법문이 끝나면 축사, ⑫ 석가모니불 정근을 하고, ⑬ 발원 찬탄을 마치면 관불을 한다. ⑭

52

사홍서원, ⑮ 산회가를 하고 폐회한다. 출가법회도 성탄법회에 준하여 행하고 출가의 참뜻을 되새기고 마음을 가다듬기 위해 참회의식을 넣어 108참회를 하기도 한다. 출가일은 보통 '발심의 날'로 정하고 오후에는 불식(不食)하는 불자도 있다. 성도일 법회는 성탄법회와 마찬가지이고, 정근은 아미타불 정근을 한다. 승려나 신도는 자신의 신행을 확인하여 참회하고 철야 정진한다. 이는 성도재를 산림식(山林式)이라 하여 수행과정을 거쳐 결국 성도한다는 상징적인 의미를 부여한 수행법의에서 나온 것이다. 열반일 법회도 성도일 법회와 같고 부처님의 뜻을 깊이 추모하는 뜻으로 묵언수행을 한다. 부처님 오신 날에 하는 대표적 의식과 행사는 다음과 같은 것이 있다.

① 관불의식 : 석가모니 부처님의 탄생을 기념하여 탄생불을 장엄하고 관정하는 법회이다. 이 의식은 탄생불을 불단에 모시고 룸비니 동산의 화원을 상징하는 꽃바구니를 만들고 향탕수 즉 감로다를 정수리부터 쏟는다. 먼저 욕불게를 하면서 법사가 행하면 신도들이 따라서 행하여 공덕을 쌓는다. 관불은 부처님을 목욕시켜 드린다는 뜻이 담겨 있어 감로수를 뿌리는 것이 향수를 뿌리는 것과 같고 불상을 씻어 드리는 것과 같아서 한량없는 공덕이 있다고 한다.

② 연등회 : 불전에 등불을 켜고 세상을 밝히는 의식이다. 부처님 당시에는 빔비사라 왕이 불전에 1만 등을 켜서 공양한 예가 있고 가난한 여인이 한 등을 켜서 임금님의 1만 등을 능가하는 정성을 보이기도 하였다. 등공양은 향공양과 함께 중시되었는데 그것은 불전에 등을 밝혀서 자신의 마음을 맑고 밝고 바르게 하여 불덕을 찬양하고 대자대비하신 부처님께 귀의하는 의미가 있다.

신라 때는 사월 초파일에 가까운 절에 가서 재를 올리고 등을 켰으며 절과 여염집 및 관청에 이르기까지 모두 등을 달아 밝혔다고 한다. 또 연등을 보면서 마음을 밝히는 것을 간등(看燈), 관등(觀燈)이라 하는데 관등은 갖가지의 등을 만들어 강에 연등 배를 띄워 온누리가 환한 축제를 이루었다.

등불이 갖는 불교적 의미는 자못 크다. 스승과 재자가 법을 전하는 것을 등불로 상징하고 있다. 그러므로 할등게에는 단지 등을 켜는 이상의 의미를 등에 부여하고 있다.

③ 탑돌이 : 탑돌이는 불교가 전래되면서부터 시작되었다. 《삼국유사》에도 〈김현감호조〉에 초파일부터 보름까지 서울(경주)의 남녀가 다투어 탑돌이를 한 기사가 보인다. 불교명절이나 큰 재가

연등

있을 때 많은 신도들이 참가하여 행하였다. 스님을 따라 염주를 들고 탑을 돌면서 염불을 하고 부처님의 공덕을 찬양하고 아래로는 자신의 소원을 빌며 등을 밝히고 극락왕생을 기원하였다. 불교의 대중화에 따라 이 의식은 민속놀이로 바뀌었다. 신도뿐만 아니라 일반 서민들도 불덕을 빌고 국태민안과 개인의 가호를 바라는 뜻에서 모두 참가했다.

성도절

성도재는 부처님이 보리수 아래에서 성도하신 것을 기념하기 위해서 행해지는 의식이다. 이 날은 부처님께서 행하신 수행을 되새겨 용맹정진하고 우리도 부처님처럼 생사의 고해에서 벗어나 열반을 얻어 일체 대중을 교화하고 불국토를 건설하겠다는 서원을 세운다.

전통의례로 하는 성도재는 모게송·송자·참회게·참회진언 등으로 동참 대중은 마음을 청정히 하고 영산회상·미타회상의 불보살을 거불하고, 다시 조송게·송자 등으로 부처님을 찬탄한다. 그 뒤 입지게로 자신의 수행의 의지를 굳게 세운 뒤 입지발원과 참회진언을 하고 입산게·염불게·출산게 등을 하여 마치고 십바라밀정진 천 배를 하기도 한다.

법회는 성탄법회와 마찬가지로 먼저 타종으로 법회를 열어 법사의 법문을 듣고 아미타불 정근을 한다. 철야정진을 하기도 하고 십바라밀정진을 하기도 한다. 십바라밀정진은 교리의 의미에 따라 보시는 보름달형으로 돌고, 지계는 반달형, 인욕은 신날형, 정진은 전자형, 선정은 구름형, 지혜는 금강저형, 방편은 좌우 쌍정형, 원은 전후 쌍정형, 역은 탁환이주형, 지는 성중원월형으로 돈다. 또 의상의 법계도에 따라 돌며 정진하기도 한다.

열반절

  석가모니 부처님의 열반을 기념하기 위하여 열반재를 행한다. 열반은 불기(佛忌)·상락(常樂)·열반기(涅槃忌)라고 한다.

  오늘날 불교의 3대 명절 중 하나로서 연중행사로 이어 오고 있다. 확실한 의식절차는 전하지 않고 등을 달기도 하고 법요식을 갖는다. 법회는 성탄법회와 절차가 같고, 정근에서 아미타불 정근을 하며 묵언수행을 하기도 하여 부처님의 뜻을 길이 추모한다.

우란분회

  음력 7월 보름에 하는 의식으로 백중법회라고 한다. 우리 나라에서는 《형초세시기》에 중원일(中元日)에 승려·도사·속인들이 모두 분(盆)을 만들어 절에 바쳤다고 했고, 신라시대에는 왕녀가 7월 16일부터 6부의 여자들을 데리고 베짜기 대회를 하여 8월 15일에 마치면서 진 편이 이긴 편에 주식을 대접하고 즐겼다는 데서 백종절이라 하였다. 이 날이 되면 재를 올려 조상의 영혼을 위로하고 백성들은 서로 놀이와 가무로 즐기는 풍속이 있었다. 고려 때에는 예종 1년(1106) 숙종의 명복을 빌고 천도를 하며 이 재를 행하였고, 공민왕 때에도 내전에서 시설하는 등 많은 우란분재가 행해졌다. 조선시대에도 초파일의 연등과 7월 보름날의 우란분재를 일년 중 가장 큰 행사로 여겼다. 이때는 절에 불공을 드리고 돌아가신 영가를 천도하는 재를 올렸으며 승려들은 중생을 위하여 탁발을 베풀었다고 한다.

8. 염불과 기도

염불

염불은 부처님을 염하는 수행법이다. 이법(理法)으로서의 부처님을 염하는 법신(法身)염불과 부처님의 공덕이나 부처님의 상을 마음에 떠올려서 보는 관념(觀念)염불, 부처님의 이름을 입으로 부르는 칭명(稱名)염불이 있다. 부처님께 귀의하고 예배 찬탄하며, 부처님의 공덕을 생각하면서 그 영토를 염불하게 되면 번뇌가 일어나지 않고 마침내 열반의 도리를 얻게 되는데 이것은 관념염불과 칭명염불을 합한 방법이다.

아미타불을 염하여 극락에 왕생하는 데는 일반적으로 칭명염불을 중시하지만, 역시 부처님의 공덕에 대한 생각을 잊어서는 안 될 것이다. 마음에서 형상을 그리거나 무엇인지를 얻으려고 하는 마음은 수행에 큰 장애가 된다. 염불은 큰소리로 하는 것을 원칙으로 한다. 염불의 공덕은 다음과 같다.

첫째는 수면이 없어지고

둘째는 천마가 두려워하며

셋째는 염불소리가 주위에 퍼지고

넷째는 삼악도의 고통이 쉬며

다섯째는 잡다한 소리가 들어오지 못하며

여섯째는 염불하는 마음이 흩어지지 않고

일곱째는 용맹스러운 정진심이 나며

여덟째는 제불이 환희하시고

아홉째는 삼매가 깊어지며
열번째는 정토에 왕생한다.

기도

기도란 일반적으로 불보살의 도움에 힘입어 재앙을 덜고 복을 더할 것을 기원하는 것이다. 그렇지만 이런 일반적인 관념과는 달리 불교는 원래가 깨달음의 가르침을 행하는 종교다.

진리를 깨달아 바른 마음, 바른 행으로써 인간과 국토의 완성을 추구하는 종교다. 그런데도 부처님을 믿으면 재난이 없어진다든지 병이 낫는다든지 불행한 사태가 호전된다는 등 현세적 이익이 있을 것이라고 믿고, 이러한 것을 얻기 위하여 염불하는 정진을 기도한다고 한다. 이렇게 기도의 보편적 의미와 불교의 근본 가르침 사이에 괴리가 있기 때문에 일부에서는 기도를 부정적으로 인식하는 사람들도 있다. 그러나 기도에 대한 이런 부정적인 시각은 불교에서 말하는 수행으로서의 기도에 대한 인식의 부족이라 할 수 있다. 왜냐하면 본래 불교에서 기도란 깨달음의 진리를 행하는 것이기 때문이다. 깨달음이란 완전 무결한 궁극적인 법이다. 생명과 존재의 실상이다. 그러므로 진리에는 불행도 괴로움도 일체 재난이란 말조차 없다.

기도란 불교를 믿는 사람들이 그 가르침을 믿고 마음으로 받아 행으로 닦아가는 수행이다. 그 수행을 통해 본래 완전한 진리의 공덕이 자신과 환경에 나타나서 병도 사라지며, 자기 능력을 속박해서 가난했던 빈궁도 사라지는 것이다. 진리의 말씀을 믿고 행하며 깨닫는다는 것은 그대로 스스로가 바뀌고 환경을 진리 공덕으로 장엄하게 되는 것이다. 다시 말하면 불보살에게 구하여 얻겠다는 것이 기도가 아니라, 자신의 마음을 원만구족한 불보살님의 마음으로 회복시키는 것이 '기도'다. 구한다고 얻어지는 것이 아니라 본래 갖추어져 있는 부처님의 생명을 회복함으로써 일체를 성취하는 것이 기도다. 불교의 기도는 염불을 통해 마음을 맑게 하는 것이고, 부처님의 은혜에 감사하는 것이다.

9. 좌선과 공안

선이란 무엇인가

선(禪)이란 가장 수승한 불교 수행의 한 방법으로 고대 인도에서 시작되어 중국으로 건너오면서 많은 변화와 발전을 가져왔다. 원래 선이란 범어 드야나(dhyāna)의 음역인 선나(禪那)의 준말로 '조용히 생각함(靜慮)' '생각으로 닦음(思惟修)'을 뜻한다. 이 수행 방법은 불교 이전부터 인도의 수행자들이 행해오던 형식이 달라지면서 중국으로 건너와서는 참선(參禪)이라는 새로운 형태의 선으로 변모했다.

참선에는 여러 형태가 있을 수 있지만 크게 간화선(看話禪)과 묵조선(默照禪)으로 나눌 수 있다. 간화선은 선사들이 깨달음을 얻게 된 오도(悟道)의 기연(機緣), 즉 화두(話頭)를 참구하여 견성을 목표로 하는 선이다. 반면 묵조선은 '중생의 마음은 곧 제불의 본원이지만 번뇌의 티끌에 의해서 가리워져 있으므로 오직 좌선을 통하여 망연(妄緣)을 멸하면 그대로 부처의 깨달음'이라고 보기 때문에 좌선 그 자체를 중시한다.

좌선법

좌선(坐禪)이란 선불교의 전통적인 좌법(坐法)에 의해서 몸과 마음을 가다듬고 화두를 참구하는 선의 수행법이다. 좌선은 선정(禪定)을 통하여 사물의 진상을 직관하는 반야의 지혜를 체득하는 가장 탁월한 불교의 수행법인 것이다.

그렇다면 좌선은 어떻게 하는가. 우리 나라 선문에서 오랫동안 좌선의 입문으로 삼아온 북송(北宋)의 장로종색(長蘆宗賾) 선사가 쓴《좌선의(坐禪儀)》에서 그 방법을 살펴보면 다음과 같다.

① 서원(誓願)

먼저 마땅히 큰 자비심을 일으켜 서원을 세우고 오직 삼매(三昧)를 닦아 맹세코 중생을 제도하라. 자신만을 위하여 홀로 해탈을 구하지 말라.

② 사연(捨緣)

모든 반연(攀緣)을 버리고 만사를 쉬고 몸과 마음을 한결같이 가다듬어 움직이고 쉼에 흩어짐이 없게 하라.

③ 조식(調食)

음식을 헤아려서 많이도 먹지 말고 적게도 먹지 말라.

④ 조면(調眠)

수면을 조절하여 부족하게도 지나치게도 자지 말라.

⑤ 택처(擇處)

좌선을 할 때에는 적정(寂靜)한 장소를 택하라.

⑥ 조신(調身)

두툼한 방석을 깔고 옷과 허리띠를 넉넉하게 하여 위의를 단정히 고른 다음 가부좌를 맺되 먼저 오른발을 왼쪽 넙적다리 위에 올려 놓고 왼발로 오른쪽 발을 누른다. 그 다음에 오른손을 왼쪽 발 위에 편안히 놓고 왼쪽 손바닥을 오른쪽 손바닥 위에 놓아 두 손의 엄지손가락을 서로 마주한 후 서서히 몸을 앞뒤로 흔들어 본 뒤, 몸을 바르게 하고 단정히 앉되 좌우로 기울어지고 앞뒤로 구부러지지 않게 하라.

그 후 허리와 척추, 머리와 목의 골절을 반듯이 하여 마치 부도(浮屠)의 모습과 같이 되어야 한다. 또한 몸을 너무 지나치게 꼿꼿하게 세워 온몸에 억지로 힘을 주지 말고 다만 귀와 어깨가 반듯이 수직을 이루게 하고 코와 배꼽이 수직을 이루게 몸을 반듯이 하라. 혀는 입천장에 대어 입술과 이가 서로 닿게 하고 눈은 반쯤 떠서 혼침에 빠지지 말지니, 만일 선정을 얻으면 그 힘이 가장 뛰

좌선

어날 것이다. 선정을 얻은 옛 고승들은 좌선할 때 항상 눈을 떴다. 이에 법운원통(法雲圓通) 선사는 눈을 감고 좌선하는 사람을 보고 "흑산귀굴(黑山鬼窟)이 된다."고 꾸짖었던 것이니 다 깊은 뜻이 있는 것이다.

　⑦ 조기(調氣)

　호흡을 고르게 하라. 몸의 모양을 이미 정하고 호흡을 이미 고른 다음 배와 배꼽을 너그럽게 하여 일체의 선악을 모두 생각하지 말라. 생각이 일어나면 곧 깨달으라. 깨달으면 곧 없어진다.

　⑧ 조심(調心)

　이와 같이 몸을 바르게 하고 호흡을 안정되게 하여 반연하는 모든 것들을 버리면 자연히 한결같은 삼매를 이룰 것이니 이것이 좌선의 요체다. 그윽히 살피건대 좌선은 안락법문(安樂法門)이다. 사람들이 병을 앓는 것은 마음을 조화롭게 쓰지 못한 까닭이다. 이 뜻을 훌륭히 깨달으면 자연히 사대(四大)가 안락하고 정신이 상쾌하며 바른 생각이 분명하여, 고요한 삼매가 맑고 즐거울 것이다. 이로 인하여 만약 이미 깨달음이 있다면 가히 용이 물을 만난 것과 같고 범이 산에 깃든 것과 같으리라.

　⑨ 변마(辨魔)

　도가 높아지면 이를 장애하는 마(魔)가 성하여 역순경계가 만 가지나 나타날 것이다. 그러나 능히 바른 생각을 갖추면 마의 장애에 걸리지 않을 것이다. 《능엄경》과 천태의 《마하지관》, 규봉의 《수증의(修證義)》에 마사(魔事)가 두루 밝혀져 있으니 참조하지 않으면 알지 못할 것이다.

　⑩ 호지(護持)

　좌선에서 일어날 때는 서서히 몸을 움직여 편안히 조심스럽게 일어나고 갑작스럽게 뛰듯이 일어나지 말라. 선정에서 나온 뒤에는 항상 방편에 의지하여 선정의 힘을 기르되 마치 어린 아이를 기르듯 하면 선정의 힘을 곧 이루게 될 것이다. 선정은 불교의 중요한 가르침이다. 만약 안선정려(安禪靜慮)하지 않으면 경계에 부딪쳐 곧 망연하게 된다. 그러므로 구슬을 찾으려 할 때는 마땅히 풍랑을 쉬게 할 것이니 풍랑이 일면 구슬을 찾기 어려운 것과 같다.

선정의 바다가 맑고 깨끗하면 마음의 구슬이 자연히 나타난다. 그러므로 《원각경》에 이르되 "걸림없는 청정 지혜가 모두 선정에서 나온다."라고 하며, 《법화경》에서는 "고요한 곳에 머물러 마음을 거두어 닦되 움직임이 없기를 수미산과 같이하라."고 하였다.

이로써 알라. 범부와 성인을 뛰어넘고자 하면 반드시 좌선을 할 것이며 앉아서 해탈하고 서서 죽고자 하면 모름지기 선정의 힘에 의지하라. 그러므로 옛사람은 이르되 "선정의 힘이 없다면 죽음의 문에 이르러 눈이 어두워지고 공무(空無)에 떨어져서 생사의 세계에 유랑하게 된다."라고 하였다. 도를 닦는 여러 벗들이여, 바라건대 이 글을 세 번 거듭 살피고 나와 남을 모두 이익케 하며 함께 바른 불도를 이루자.

공안과 화두

공안(公案)이란 견성성불(見性成佛)을 목표로 하는 참선(參禪) 수행의 대명제다. 공안이란 말은 원래 '관청의 공문서(公府案牘)'라는 용어에서 유래된 것이다. 관청의 공문서는 반드시 지켜야 하는 것처럼 공안은 참선 수행인의 규범과 판단의 준칙이다.

공안은 옛 선사들의 언행과 깨달음의 기록으로서 상식적인 논리로는 풀리지 않는 초논리적 의문 구조로 되어 있다. 공안은 매우 많아 통상 1,700공안이라고도 하는데, 이는 《전등록》에 등장하는 1,701인의 선사들이 보여준 기연(機緣)과 언행에서 유래한 것이다. 이처럼 수많은 공안 가운데 선사의 지도를 받아 하나의 공안을 채택하여 좌선에 전념하는 것을 화두(話頭)를 든다고 한다.

화두 드는 법

화두 참구는 억지로 되지 않는다. 스스로 일어나는 분발심에 의지해야 한다. 그러기 위해서는 마음 속에 다음의 세 가지 마음이 있어야 한다.

① 첫째는 큰 믿음(大信心)이다. 큰 믿음이란 일체 중생이 제불보살과 조금도 차이가 없이 똑같으며 자신이 또한 그러하다는 것을 굳게 믿는 것이다. 자기 본성에 대한 결정적인 확신에서 참선자의 기본자세가 이루어진다. 자신이 진리의 주체이니 어떠한 역경도 극복하고 뜻하는 바를 구현할 수 있는 지혜와 능력이 원래로 풍성한 것이다.

② 둘째는 큰 분심(大憤心)이다. 생사를 반복하고 고뇌가 물결치는 슬픔에 빠져서 영겁을 이대로 살아갈 것인가, 내 가슴의 광명은 어찌하여 덮어 두고 사방에 구걸하여 쉴 날이 없단 말인가, 이것을 이대로 계속할 것인가. 참선인은 화두를 들어 이러한 자책감이 치밀어오를 것이며 대분심이 솟아난다. 이 분심에서 억겁의 무명(無明)을 뚫고 온갖 분별의 함정에서 단번에 벗어나 대자유의 평원으로 뛰쳐나간다. 이 분심은 큰 믿음에서 우러난다. 그리고 화두에 대한 의정(疑情)을 일으킨다.

③ 셋째는 큰 의심(大疑心)이다. 큰 의심이란 화두에 대한 철두철미한 마음을 가리킨다. 도대체 이게 무슨 말인가, 왜 그렇게 말씀하셨나, 왜 그렇게 하셨나, 왜, 왜 하는 의심으로 전심전력을 기울여 맞부딪힐 수밖에 없다. 이런 때의 마음 상태를 의심한다고 하고 큰 의정이 있어야 큰 깨침이 있다고 한다.

64

이러한 세 가지 마음을 바탕으로 화두를 드는데, 일찍이 한암
(漢岩) 선사는 이렇게 말씀하셨다.

다급하지도 느슨하지도 않은
그 가운데 오묘함이 있다.
부지런히 하면 집착에 가깝고
망각하면 무명(無明)에 떨어지게 된다
천 갈래, 만 갈래 의심덩이는
다만 하나의 의심으로
고양이가 쥐를 잡듯이
암탉이 알을 품듯이
배고플 때 음식 생각하고
목마를 때 물 생각하듯이
사량(思量)과 지해(知解)를 모두 놓아 버리어
한 치의 풀포기도 돋아나지 않고
한 티끌도 두지 않고서
다만 범정(凡情)을 다하고
특별히 성해(聖解)도 없이
성성영영(惺惺靈靈)하고
면밀하고 면밀하여야 한다.

-한암일발록-

대표적 공안

공안은 부처님과 조사의 말씀이나 언동으로 구성된다. 다음에
몇 개의 대표적 공안을 들어본다.
① 염화미소(拈花微笑)

세존께서 옛날 영산회상(靈山會上)에서 백 만의 대중을 모아 놓고 설법회를 열었다. 이때 세존께서는 아무 말없이 꽃 한 송이를 들어 대중에게 보였다. 그러나 백 만 대중들은 그 뜻을 몰랐다. 오직 가섭 존자만이 조용히 미소를 지었다. 그러자 세존께서 말씀하셨다.

"나에게 지혜의 눈으로 깨달은 비밀한 법인 열반의 묘심(妙心)이 있으니 이를 마하가섭에게 전하노라."

② 세존의 침묵(世尊良久)

어느 날 한 외도가 세존에게 이렇게 말했다.

"유언(有言)으로도 묻지 않고, 무언(無言)으로도 묻지 않겠습니다."

그러자 세존은 아무 말 없이(良久) 그를 지켜보기만 했다. 이에 외도는 세존의 태도에 크게 감탄하며 말했다.

"세존께서는 큰 자비심을 베풀어 저의 미망(迷妄)의 구름을 열어 주시고 저로 하여금 깨우침을 얻게 하였습니다."

외도가 떠난 뒤에 세존을 시봉하던 아난이 물었다.

"외도는 도대체 무엇을 보고 깨쳤다고 한 것입니까?"

세존은 이렇게 말했다.

"훌륭한 말(馬)이 얼핏 채찍의 그림자만 보아도 달리는 것과 같으니라."

③ 유마의 불이법문(維摩不二)

어느 날 유마가 문수사리에게 물었다.

"어떻게 하는 것이 보살이 불이법문(不二法門)에 들었다고 하겠습니까?"

문수사리가 말했다.

"내가 생각하기로는 모든 법에 대하여 말도 없고, 말할 수도 없

66

으며, 남에게 보일 수도 없고 자기가 알 수도 없어서 모든 문답을
여읜 것이 불이법문에 들어가는 것이라 생각합니다.”

이번에는 문수사리가 유마에게 물었다.

“내 의견은 다 말했으니 당신이 한 번 말해 보십시오. 어떻게
해야 보살이 불이법문에 들었다고 할 수 있겠습니까?”

그러나 유마는 침묵을 지켰다.

④ 문수의 전삼삼 후삼삼(前三三 後三三)

문수가 무착에게 물었다.

“근래 어디 있다가 왔느냐?”

“남쪽에 있다 왔습니다.”

문수가 다시 물었다.

“남쪽의 불법은 요즘 어떠한가?”

“말법시대의 비구들이라 계율을 받드는 자가 적습니다.”

문수가 물었다.

“대중이 얼마나 되는가?”

“삼백에서 오백 명 정도입니다.”

이번에는 무착이 문수에게 물었다.

“이곳은 어떠합니까?”

“범부와 성인이 함께 있고 용과 뱀이 뒤섞여 있다.”

다시 무착이 물었다.

“대중이 얼마나 되는지요?”

그러자 문수가 이렇게 말했다.

“앞에도 삼삼(三三), 뒤에도 삼삼(三三)이지.”

⑤ 달마의 확연무성(廓然無聖)

양무제가 달마에게 물었다.

“무엇이 불교의 가장 성스러운 진리입니까(如何是聖諦第一義)?”

달마가 말했다.

"텅 비어서 범이니 성이니 하는 것이 없소(廓然無聖)."

무체는 달마의 말뜻을 몰랐다. 단지 달마가 성인이라는 생각을 하며 다시 물었다.

"그럼 짐 앞에 있는 그대는 누구란 말이오?"

"나는 그런 것은 모르오(達磨不識)."

⑥ 마조의 달구경(馬祖翫月)

어느 날 마조가 제자들과 달구경을 나갔다가 이렇게 물었다.

"이런 밤에는 무엇을 하면 좋겠는가?"

지장이 먼저 대답했다.

"부처님께 불공을 드리기에 좋은 때입니다."

이어서 회해가 대답했다.

"수행하기에 좋은 때입니다."

다음은 보원이 대답할 차례였다. 그러나 보원은 아무 말 없이 있다가 소매를 털면서 가버렸다.

이에 마조가 말했다.

"경(經)은 장(藏)으로 들어갔고, 선(禪)은 해(海)로 돌아갔는데, 오직 보원만이 현상세계를 초월했구나."

⑦ 마조의 들오리(馬祖野鴨子)

마조가 들길을 가다가 들오리가 날아가는 것을 보고 백장에게 물었다.

"저게 뭐냐?"

"들오리입니다(野鴨子)."

마조가 다시 물었다.

"어디로 갔느냐?"

"저쪽으로 날아가 버렸습니다."

백장이 대답하자 마조는 느닷없이 백장의 코끝을 잡고 비틀었다. 백장은 너무 아파 신음소리를 냈다. 그러자 마조가 말했다.

"날아가긴 어디로 날아가!"

⑧ 남전의 평상심이 도(南泉平常心是道)

어느 날 조주가 남전에게 물었다.

"도(道)란 도대체 무엇을 말합니까?"

남전이 대답했다.

"평소의 마음이 곧 도이니라."

다시 조주가 물었다.

"그렇다면 그것을 어떻게 이해할 수 있습니까?"

"이해하려고 하면 도와는 거리가 멀어진다."

"이해할 수 없다면 어떻게 도를 알 수 있습니까?"

"도라는 것은 아는 데에 속하는 것도 아니요, 모르는 데에 속하는 것도 아니다. 안다는 것은 곧 망각(妄覺)에 속하는 것이며, 모른다는 것은 무기(無記)에 속한 것이다. 만약 진정으로 헤아림이 없는 도에 이르게 되면 허공과 같이 훤하게 알아질 것인데 무엇 때문에 이것 저것 따지려 하는가?"

조주는 이 말에 퍼뜩 깨달았다.

⑨ 남전참묘(南泉斬猫)

남전산에서 어느 날 동서양당(東西兩堂)의 대중들이 고양이 새끼를 놓고 다투고 있었다.

남전이 이를 보다 못해 고양이를 번쩍 집어들고는 말했다.

"누구든지 한마디 해보라. 그러면 이 고양이를 살려 주겠다."

그러나 누구 하나 대답하는 사람이 없었다. 남전은 그 자리에서 고양이를 두 토막으로 잘라 버렸다. 그날 밤 늦게 조주가 돌아오자 낮에 일어났던 일을 들려주고는 물었다.

"너는 어떻게 했겠느냐?"

이 말을 들은 조주는 아무 말 없이 짚신을 벗어 머리에 얹고는 나가 버렸다.

그러자 남전이 말했다.

"네가 그 자리에 있었더라면 고양이 새끼는 구할 수도 있었을 텐데!"

⑩ 남전의 일원상(南泉一圓相)

어느 날 남전, 귀종(歸宗), 마곡(磨谷) 스님이 함께 혜충(慧忠) 국사를 찾아뵙기 위해 길을 떠났다.

길을 가던 중 갑자기 남전이 땅에 동그라미(一圓相)를 그려 놓고는 불쑥 말했다.

"말해 보라. 그러면 가겠다."

그러자 귀종은 동그라미 속에 풀썩 앉아 버렸다. 그리고 마곡은 여인처럼 다소곳이 절하는 시늉을 했다. 이런 거동을 보고 있던 남전이 말했다.

"그렇다면 못 가겠다."

이 말을 되받아 귀종이 말했다.

"그게 무슨 심보인가?"

⑪ 조주의 지도무난(趙州至道無難)

조주 스님이 어느 날 대중들에게 설법했다.

"지극한 도는 결코 어려운 것이 없다. 단지 간택(揀擇, 차별심)을 하지 않으면 된다. 그러나 조금이라도 말로써 도를 나타내려 한다면 간택에 떨어지거나 명백(明白, 절대심)하다면 견해에 떨어지게 되므로 나는 그 명백한 경지에도 있지 않느니라(老僧不在明白裏). 자, 이런데도 너희들은 소중히 여기지 않겠는가?"

이때 문득 한 스님이 물었다.

70

"이미 명백한 경지에도 있지 않다면(간택이니 명백이니 하는 따위의 말도 소용이 없을 것입니다.) 그런데 무엇을 소중히 여긴다는 말씀이십니까?"

조주가 말했다.

"글쎄, 나 역시 모르겠다."

스님이 말했다.

"화상께서도 그게 무언지 모르신다면 왜 '명백한 경지에도 있지 않다'고 말씀하십니까?"

제법 날카로운 질문에 조주는 한마디로 잘랐다.

"묻는 일이 끝났으면 절이나 하고 물러가거라."

⑫ 조주의 뜰 앞의 잣나무(趙州庭前栢樹子)

어느 날 한 스님이 찾아와 물었다.

"달마가 서쪽에서 온 뜻은 무엇입니까?"

뜰을 우두커니 바라보고 있던 조주는 내던지듯이 말했다.

"뜰 앞의 잣나무니라."

⑬ 조주의 돌다리(趙州石橋)

어떤 스님이 물었다.

"오래 전부터 조주의 돌다리(石橋)가 유명하다고 들었는데 막상 와보니 외나무 다리군요."

조주가 대답했다.

"너는 외나무 다리만 보았지 돌다리는 보지 못했구나."

그러자 스님이 다시 물었다.

"그 돌다리란 어떤 것입니까?"

"나귀도 건너가고 말도 건너가지(渡驢渡馬)."

⑭ 조주구자(趙州狗子)

어떤 스님이 조주 선사에게 물었다.

“개도 불성(佛性)이 있습니까?”

“있다.”

스님이 다시 물었다.

“불성이 있다면 어째서 저런 가죽 주머니에 들어가 있습니까?”

“그놈이 알면서도 일부러 범했기 때문이다.”

다른 날 또 어떤 스님이 물었다.

“개도 불성이 있습니까?”

“없다.”

스님이 다시 물었다.

“일체 중생은 모두가 불성이 있다 했는데 어째서 개에게는 없습니까?”

조주가 말했다.

“그놈은 업식(業識)이 있기 때문이니라.”

⑮ 동산의 마 세 근(洞山麻三斤)

어느 날 한 스님이 동산 화상을 찾아와 이렇게 물었다.

“무엇이 부처입니까?”

그러자 동산 화상이 말했다.

“삼베가 세 근일세.”

⑯ 암두의 최후의 한 마디(嚴頭末後句)

설봉(雪峰)의 암자에 두 스님이 찾아와 예배했다. 설봉 화상은 그들이 오자 문을 열고 몸을 앞으로 내밀면서 말했다.

“이게 무엇인가(是什麼)?”

그러자 두 스님도 되물었다.

“이게 무엇입니까?”

설봉은 그만 머리를 숙이고 방으로 들어가 버렸다.

그 뒤 두 스님은 암두 화상을 찾아갔다. 암두 화상이 물었다.

"어디서 오느냐?"

"영남에서 왔습니다."

"그럼 설봉을 만났느냐?"

"네, 만났습니다."

"무슨 말을 하더냐?"

이에 설봉 화상과 있었던 이야기를 하자 암두 화상이 다시 물었다.

"설봉이 무슨 말을 하더냐?"

두 스님이 대답했다.

"설봉 스님은 아무 말 없이 머리를 숙인 채 암자로 돌아갔습니다."

이 말에 암두 화상은 탄식하듯이 말했다.

"아뿔사, 내가 처음 그를 만났을 때 최후의 한 마디(末後句)를 해주지 않았던 것이 후회스럽다. 그렇게 했더라면 천하의 어느 누구도 설봉을 감당치 못했을 텐데!"

⑰ 임제의 눈 먼 당나귀(臨濟瞎驢)

임제가 죽음에 임하여 삼성(三聖)에게 유언하였다.

"내가 죽은 뒤에 나의 법을 잘 이어서 멸하지 않도록 하라."

"어찌 감히 스승의 법을 멸하게 할 수가 있겠습니까?"

그러자 임제가 물었다.

"만약 어떤 사람이 너에게 묻는다면 너는 어떻게 대답할 것인가?"

이 말에 삼성은 꽥! 하고 소리를 질렀다.

이에 임제가 말했다.

"내법이 이 눈 먼 당나귀에 의해 멸할 줄을 누가 알았겠는가!"

⑱ 운문의 마른 똥막대기(雲門乾屎橛)

어느 날 한 스님이 운문 선사에게 물었다.

"부처란 어떤 것을 말합니까?"

운문이 대답했다.

"마른 똥막대기니라."

⑲ 운문의 나날이 좋은 날(雲門日日好日)

어느 15일 아침에 운문 선사가 대중들에게 설법했다.

"이미 지나가 버린 15일 이전의 일에 대해서는 그대들에게 묻지 않겠다. 그러니 15일 이후에 대해서 의견이 있으면 말해 보아라."

아무도 말이 없자 운문 선사는 이렇게 말했다.

"매일 매일이 다 좋은 날이다."

⑳ 삼성의 그물을 찢고 나온 금빛 고기(三聖透網金鱗)

삼성이 설봉에게 물었다.

"그물을 찢고 나온 금빛 고기는 무엇을 미끼로 해야 잡을 수 있을지 모르겠습니다."

설봉 스님이 말했다.

"자네가 그물을 벗어난 뒤에 말해 주지."

그러자 삼성이 말했다.

"천오백 명의 제자를 거느린 선지식이 남의 말도 모르는군요."

삼성이 쏘아붙이자 설봉이 말했다.

"나는 절 일이 바쁘네."

㉑ 수산의 세 구절(首山三句)

어느 날 수산이 대중에게 말했다.

"제일구(第一句)에서 깨달으면 부처와 조사의 스승이 될 만하고, 제이구에서 깨달으면 인천(人天)의 스승이 될 만하고, 제삼구에서 깨달으면 자신을 구제하기도 어렵다."

그러자 한 스님이 불쑥 물었다.

74

“그럼 화상께서는 몇 째 구절에서 깨달았습니까?”

수산이 대답했다.

“날이 저물면서 삼경(三更)의 저잣거리를 가로질러 건넜다.”

㉒ 장사의 한 걸음 더 내디더라(長沙進一步)

장사 스님이 상좌에게 회암주(會庵主)에게 가서 “남전을 만나기 전에는 어떠했는가?” 하고 묻게 했다.

상좌가 회암주에게 가서 물으니 회암주는 입을 다물고 가만히 있었다. 상좌가 다시 물었다.

“남전을 만나본 뒤에는 어떠합니까?”

회암주가 말했다.

“다른 것이 없다.”

상좌가 돌아와 장사에게 아뢰니 이렇게 말했다.

“백 척이 되는 높은 장대 끝에 앉은 사람이여, 비록 올라가기는 했으나 깨닫지는 못했구나. 백 척 장대 끝에서 한 걸음 내디딜 줄 알아야 시방세계가 온통 한 몸이 될 것이다.”

㉓ 구지의 손가락 하나를 세우다(俱胝只竪一指)

구지 화상은 어느 누가 무슨 질문을 하든지 단지 손가락 하나만을 세웠다.

㉔ 방거사 일화

방거사가 마조 선사에게 물었다.

“만법과 더불어 짝하지 않는 것은 무엇입니까?”

마조가 말했다.

“그대가 서강의 물을 한 입에 다 마실 때를 기다려 말해 주리라.”

석가모니 부처님

제2장
●
석가모니 부처님

1. 부처님의 생애

부처님은 2600년 전 인도 카필라 국 샤카(釋迦) 족의 왕자로 태어났다. 아버지는 슛도다나 왕(Suddodana, 淨飯王)이었고 어머니는 마야(Māyā, 摩耶) 부인이었다. 부처님의 어머니 마야 부인은 흰 꼬끼리가 자신의 몸으로 들어오는 꿈을 꾸고 부처님을 잉태했다고 한다. 불전(佛傳)에 따르면 부처님은 마야 부인이 출산하러 친정으로 가는 도중 카필라 성 인근 룸비니 동산에 이르렀을 때 마야 부인의 옆구리를 열고 나왔다고 한다.

부처님은 태어나자마자 사방으로 일곱 걸음을 걷고 나서 '천상천하 유아독존(天上天下 唯我獨尊)' 이라고 외쳤다고 전한다. 이 세상에서 불성(佛性)을 지닌 인간이 가장 존귀하다는 뜻이다. 아시타 선인은 부처님의 얼굴을 보고 전륜성왕(轉輪聖王)이 되거나 부처님이 될 것이라고 예언했다고 한다. 전륜성왕이란 바퀴가 종횡무진으로 구르듯 세계를 지배하는 통치자란 뜻이다.

부처님 탄생상

　부처님의 이름은 고타마 싯닷타(Gotama Siddhattha)였다. 싯닷타 태자는 태어난 지 일주일 만에 어머니를 잃는 슬픔을 겪고 이모인 마하파자파티(摩訶波闍波提) 부인에 의해 양육됐다.

　생모와 일찍 사별한 탓도 있었지만 싯닷타 태자는 천성적으로 생각이 깊고 사려분별이 뛰어난 소년이었다. 태자는 어려서부터 인생에 대해 회의를 품었다. 전설은 이 같은 회의를 사문유관(四門遊觀)으로 표현하고 있다.

어느 날 태자는 성밖으로 외출을 했는데 동문에서는 늙어가는 노인, 남문에서는 신음하는 병자, 서문에서는 죽은 시체, 북문에서는 출가사문을 만났다. 즉 생로병사란 인생의 흐름을 보았으며 이 문제를 탐구하는 출가사문에 대한 동경을 품게 되었다는 것이다. 또 태자는 어느 날 성 밖 농지를 둘러보게 되었는데 밭갈이 하는 농부가 파헤친 땅에서 나온 벌레를 새가 날아들어 냉큼 쪼아먹는 광경을 보게 되었다. 이를 보고 태자는 삶의 무상함과 괴로움을 뼈저리게 느꼈다.

이처럼 태자는 인생에 대해 무한한 회의를 가졌으나 부왕과 주위의 강권에 따라 야소다라라는 이웃 국가의 왕녀와 결혼하여 아들까지 낳고 왕이 될 수업을 받아야 했다. 태자는 아들의 이름을 라훌라(羅睺羅)라고 지었다. 라훌라는 장애라는 뜻이다.

어떻게 해서든 인생의 근본문제를 해결해야겠다는 태자의 뜻은 더욱 굳어져 갔으며 드디어 어느 날 처자와 왕자의 신분을 버리고 왕궁을 뛰쳐나와 출가사문이 되었다. 이때의 나이가 29세였다.

싯닷타는 당시의 사문들의 풍습대로 여러 곳으로 스승을 찾아 가르침을 구하면서 수행했다. 사문들은 주거지가 없이 밥을 빌어먹고 다니며 생활했기에 비구(比丘) 즉 걸식자라고도 불렸다. 싯닷타 태자가 출가했던 시기의 인도에는 이 같은 사문과 비구들이 많았다.

싯닷타는 출가 후 처음에는 마가다 지역에서 선정을 닦았다. 처음 싯닷타를 지도해 준 스승은 알라라 칼라마와 웃다카 라마풋타라는 유명한 바라문이었다. 알라라 칼라마는 무소유처정(無所有處定)을 궁극의 것으로 가르쳤다. 무소유처란 '스스로에게 속하는 것은 없다'는 뜻으로 모든 욕망을 버리는 것을 말한다. 자질이 출중한 싯닷타는 얼마 안 가서 이 경지를 터득했으나 한계를 깨닫고

‘이 가르침은 정각에 이르는 길이 아니다’면서 분연히 그곳을 떠났다.

싯닷타는 그 후 웃다카 라마풋타라는 바라문을 찾아가 무소유처정보다 더 높은 단계인 비상비비상처정(非想非非想處定)의 단계에 이르렀지만 역시 만족하지 못하고 길을 떠났다. 비상비비상처는 표상이 있는 것도 아니고 없는 것도 아닌 삼매의 세계를 말한다. 이 가르침들은 후대 불교에도 많은 영향을 미쳤다. 우주를 욕계(欲界 ; 욕망이 있는 세계) · 색계(色界 ; 욕망을 떠난 세계) · 무색계(無色界 ; 욕망과 물질을 초월한 세계)의 삼계로 나눌 때 무소유처와 비상비비상처는 무색계의 최상위에 위치하며 부처님의 경지 바로 밑으로 되어 있다.

두 스승에게 만족을 못한 싯닷타는 고행주의 사문들이 모여 있는 우루벨라 촌(村)을 찾아가 그곳에서 상당히 오랜 기간 목숨을 건 고행을 했다. 고행은 육신을 학대하며 오로지 정신만을 고양시키려는 행위다. 부처님의 단식은 다른 동료 수행자들도 놀랄 정도로 극렬한 것이었다. 부처님은 이러한 고행을 6년 동안이나 행했다. 그러나 고행은 결코 삶에 대한 궁극적인 의문을 해결하는 길이 아니었다.

어느 날 싯닷타는 고행이 깨달음에 아무런 도움이 되지 않는다는 것을 깨닫고 고행을 중단했다. 그리고는 지친 몸을 이끌고 마을 옆으로 흐르는 네란자라(尼連禪河) 강으로 가서 목욕을 하고 가까운 마을의 처녀가 올리는 우유죽을 받아 먹었다.

싯닷타의 이러한 변화에 대해 많은 사람들은 실망을 표시했다. 그 가운데서도 같이 수행하던 다섯 명의 수행자들은 ‘고타마는 타락했다’면서 떠나 버렸다. 홀로 남게 된 싯닷타는 체력을 회복한 뒤 몸과 마음을 다시 가다듬고 가야(迦耶)로 향했다. 그곳에서 싯

닷타는 핍팔라 나무 밑에 길상초(吉祥草)라는 풀잎을 깔고 앉아
선정(禪定)에 들어갔다. 부처님이 수행법으로 택한 선정은 고행보
다는 편안한, 그러나 깨달음에 이르는 가장 확실한 방법이었다.
경전에서는 이를 '욕락과 고행의 양극단을 떠난 중도(中道)'라고
표현하고 있다.

싯닷타는 선정에 들어간 지 얼마 안 되어 어느 날 새벽 문득 마
음 속에 있던 모든 고뇌가 봄날에 눈녹듯 사라지면서 커다란 기쁨
이 충만됨을 느꼈다. 경전에서는 이러한 사실을 '항마(降魔)'라는
설화로 묘사하고 있다. '마(魔)'는 범어 마라(Mara, 魔羅)의 약칭
으로써 죽음 또는 죽음의 신을 뜻하는 말이다. 불교에서는 마를
온마(蘊魔) · 번뇌마(煩惱魔) · 사마(死魔) · 천마(天魔) 네 가지로

석가모니 부처님
고행상

나눈다. 온마란 우리들의 육체를 의미하는 것이고 번뇌마는 마음을 움직이는 것을 뜻한다. 어느 것이나 깨달음에 방해가 되는 것을 상징적으로 표현한 것이다. 불전에 따르면 깨달음의 직전에 악마 파순이 요염한 미녀를 보내 유혹하기도 했고 무서운 군병을 보내 위협하기도 했다고 한다. 이것은 선정에 들어 있는 싯닷타의 마음 속에 떠올랐다가 사라진 생각과 갈등의 표현으로 볼 수 있을 것이다.

마음의 갈등을 모두 극복한 싯닷타는 눈앞에 나타난 분명한 진리(法)를 보았다. 진리를 깨달은 부처님이 되었음을 자각한 것이다. 다시 말해 진리로서의 생명인 부처님이 탄생한 것이다. 이러한 사실을 깨달음, 즉 보디(Bodhi, 菩提)라고 부르며 성도(成道)라고 한다. 부처님에게 앉을 곳을 제공해 준 '핍팔라' 나무는 깨달음의 나무라는 뜻의 보리수(菩提樹)라는 이름으로 불리게 됐다.

그러면 부처님은 무엇을 깨달은 것인가. 바로 인간의 고뇌와 그 원인에 관한 해답, '연기(緣起)의 법리(法理)'다. 요컨대 부처님이 출가한 동기는 도대체 인간은 왜 괴로움 속에서 살아야 하는가, 그리고 그 괴로움이 생겨나는 원인은 무엇인가 하는 의문을 해결하기 위해서였던 것이다. 부처님은 보리수 아래서의 선정을 통해 인간에게는 항상 무엇인지를 얻으려 하고 이루려 하는 만족할 줄 모르는 근원적 욕망이 존재함을 알았다. 그리고 그것은 모든 것이 무상(無常)하고 무아(無我)라는 진실을 알지 못하는 무명(無明) 때문이라는 것을 알았다. 즉 무명 때문에 번뇌가 있고 생·노·병·사로 이어지는 인간의 삶은 고통일 수밖에 없으며 반대로 무명이 소멸됨으로써 괴로움이 극복됨을 깨달은 것이다.

각자(覺者)가 된 부처님은 7×7일 동안을 조용히 명상을 즐겼다. 최초의 7일간은 보리수 아래 앉아서 스스로 깨달은 진리를 음

인도 대보리사의 보리수

미한 후 계속해서 7일간씩 모두 7차례에 걸쳐 아자팔라 나무, 무
찰린다 나무 등에서 깨달음의 법열을 즐겼다고 한다. 명상에서 깨
어난 부처님은 그러나 자신이 깨달은 진리가 너무 심오하여 다른
사람들이 이해하기 힘들 것을 염려해 설법할 것을 망설였다. 율장
《대품》에서는 당시 부처님의 심정을 이렇게 묘사하고 있다.

내가 도달한 이 법은 깊고 보기 어렵고 깨닫기 어렵고, 고요하고
숭고하다. 단순한 사색에서 벗어나 미묘하여 슬기로운 자만이 알
수 있는 법이다. 그런데 사람들은 집착하기 좋아하여 아예 집착을
즐긴다. 그런 사람들이 '이것이 있으므로 저것이 있다'는 연기의 도
리를 본다는 것은 참으로 어려운 일이다. 또한 모든 행(行)이 고요

해진 경지, 윤회의 근원이 모두 사라진 경지, 갈애가 다한 경지, 탐착을 떠난 경지, 괴로움의 소멸에 이르는 경지, 그리고 열반의 도리를 안다는 것도 어려운 일이다. 내가 비록 법을 설한다 해도 다른 사람들이 이해하지 못한다면 나만 피곤할 뿐이다.

이렇게 설법을 주저했던 부처님이 법을 전하기로 마음을 바꾼 것은 '세계의 주재자'인 사함파티라는 범천(梵天)이 부처님의 마음을 알고 부처님 앞에 나타나 설법하시기를 청했기 때문이라고 한다. 율장은 그때의 광경을 이렇게 표현하고 있다.

그때 사함파티라는 범천이 세존의 마음을 알고서 이렇게 생각했다.
'아! 세상은 멸망하는구나. 세상은 소멸하고 마는구나. 여래·응공(應供)·정등각자가 법을 설하지 않으시면.'
그리하여 사함파티는 마치 힘센 장사가 굽혀던 팔을 펴고, 폈던 팔을 굽히듯이 재빨리 세존 앞에 나타났다. 그는 한쪽 어깨에 상의(上衣)를 걸치고 오른쪽 무릎을 땅에 꿇은 다음 세존을 향해 합장하며 간청했다.
"세존이시여, 법을 설하소서. 삶에 먼지가 적은 사람도 있습니다. 그들이 법을 듣는다면 알 수 있을 것입니다. 그러나 법을 설하지 않으신다면 그들조차 쇠퇴하고 말 것입니다."

범천이 나타나서 부처님에게 설법하시기를 권청했다는 경전의 이러한 기록은 현대의 우리가 곧이 곧대로 받아들이기는 어렵다. 그러나 부처님이 설법하는 것을 주저했다는 것은 부처님이 깨달은 법이 당시로서는 쉽게 받아들이기 어려울 정도로 혁신적이었음을 상징적으로 드러낸 것이라 볼 수 있다. 최고신의 위치에 있는 범천이 권청했다는 것은 부처님의 가르침이 가장 뛰어난 진리임을 은연중에 강조한 것이라 하겠다.

전도(傳道)를 결심한 부처님은 먼저 지난날 자신이 사사(師事)했던 두 사람의 스승을 생각해 보았다. 그러나 그들은 이미 세상을 떠나고 없었다. 그래서 부처님은 함께 고행했던 콘단냐(Koṇḍañña, 憍陳如)·밥파(Vappa, 婆頗)·밧디야(Bhaddiya, 跋提)·마하나마(Mahānāma, 摩訶男)·앗사지(Assaji, 阿說示) 등 다섯 수행자를 찾아 바라나시로 향했다. 그 도중에 부처님은 아지바카(Ājīvaka, 邪命外道) 파의 고행자 우파카를 만났다. 그는 부처님에게 "그대의 감관은 매우 깨끗하고 모습은 아주 빛나고 밝습니다. 그대는 누구를 모시고 있으며 그대의 스승은 누구입니까? 또 그대는 누구의 법을 따르고 있습니까?"라고 물었다. 이에 부처님은 자신에 찬 목소리로 이렇게 말했다.

"나는 일체를 깨달은 사람이다. 일체의 사물에 더렵혀지지 않으며 망집(妄執)에서 벗어난 해탈자다. 나는 세상에서 유일한 정각자다. 모든 번뇌를 버린 사람은 나와 같이 세상의 승리자다. 미혹의 세계에서 감로의 북을 치며 법륜을 굴리기 위해 나는 바라나시로 향한다."

그러나 우파카는 마음의 눈이 열리지 않아 부처님을 알아보지 못하고 머리를 저으며 가버렸다. 바라나시에 다다른 부처님은 이시파타나의 녹야원(鹿野園)에서 다섯 수행자를 만나 그들에게 '나는 여래(如來 ; 진리를 요달한 자)'라고 선언하고 설법을 시작했다. 그들은 처음에는 믿지 않았으나 부처님의 거룩한 모습과 조리 있는 말을 듣고 부처님의 말씀을 믿게 됐다. 부처님은 깨달은 내용을 '사제(四諦)'로 설하고 깨달음에 이르는 실천으로써 '팔정도

초전법륜을 상징하는 부도

(八正道)'를 제시했다. 그리고 이것은 고와 낙의 두 극단을 떠난 '중도(中道)'라고 선언했다.

이러한 사실을 불교에서는 '초전법륜(初轉法輪)'이라 한다. '법륜을 굴린다'는 것은 교화활동을 국왕이 전차를 전진시켜 여러 나라를 정복 통치하는 것에 비유하는 말이다. 부처님이 '설법했다'는 사실은 매우 중요한 사건이다. 만약 부처님이 깨닫기만 하고 법을 설하지 않았다면 자리(自利)는 성취했겠지만 이타(利他)는 이루지 못했을 것이고 따라서 불교는 보편적인 세계종교가 되지 못했을 것이기 때문이다.

다섯 사람이 귀의함으로써 불교는 교단(僧伽)을 이루게 되었고 삼보도 성립되었다. 부처님과 그 가르침, 그리고 그에 따라 수행하는 승가(僧伽)가 생긴 것이다. 부처님이 녹야원에서 법을 설하고 적극적인 전도에 나서자 부처님의 명성이 널리 알려졌으며 많은 사람들이 그의 덕을 흠모하여 제자가 되었다. 물론 처음에는 부처님을 시험하기 위해 논쟁을 걸어오는 사람도 적지 않았다. 그러나 대부분의 사람들은 부처님께 설복당하여 마음으로부터 믿고 따르게 되었다. 재가자들은 신자로서 귀의하고 공양품을 바쳐 부처님과 제자들의 생활을 물질적으로 뒷바라지했다.

승가가 성립된 후 최초로 입교한 사람은 바라나시의 부호의 아들 야사(Yasa, 耶舍)였다. 야사는 부처님의 높은 가르침을 듣고 그의 친구 네 명에게 출가를 권해 50명이 함께 출가했다. 야사의 부모 또한 열렬한 신자(優婆塞와 優婆夷)가 되었다. 부처님은 60여 명의 비구들에게 전도의 사명을 주어서 교화를 하도록 길을 떠나보냈다.

초기교단의 입단 과정에서 가장 중요한 사건은 마가다의 우루벨라에서 캇사파 3형제와 그를 따르는 무리 1천 명, 또 라자가하에서 사리풋타(Sāriputta, 舍利弗)와 마하목갈라나(Mahāmoggallāna, 大目犍連)가 회의론자 산자야의 제자 250명을 데리고 집단 개종한 사실이다. 캇사파 3형제는 불을 숭배하던 배화(拜火) 외도였는데 맏형 우루벨라 캇사파가 부처님과의 신통력 대결에서 패한 후 부처님께 귀의했다고 한다. 사리풋타와 목갈라나는 당시 종교계에서 존경받던 인물이었는데 어느 날 라자가하의 한 마을에서 부처님의 제자 앗사지를 만나 부처님의 가르침을 전해 듣고 그들을 따르던 무리 250명을 이끌고 기원정사로 가서 부처님의 제자가 되었다. 이 소식을 들은 그의 옛 스승 산자야는 피를 토하고 미쳐서 숨을 거뒀다고 한다.

불교교단은 엄격한 신분제 사회였던 당시로는 상상하기 힘들 정도로 획기적인 평등을 구현한 수행 공동체였다. 신분에 관계없이 누구나 자유롭게 출가가 허락되었다. 세간적인 신분은 교단 내에서 전혀 문제가 되지 않았다. 교단 내에서는 부처님 자신을 포함해 구성원 모두가 평등했다. 부처님 제자 가운데는 왕족을 비롯한 귀족 출신의 제자도 있었고 캇사파 형제나 사리풋타 또는 목갈라나와 마하캇사파와 같은 바라문 출신도 있었다. 그런가 하면 상인 계급 출신도 있었으며 낮은 신분 출신으로 출가하여 유명한 제자가 된 사람도 있었다. 예를 들면 샤카 족 왕궁의 이발사의 자식이던 우팔리, 강도였던 앙굴리마라, 무식한 출라판타카, 베살리의 유녀 암바팔리 등은 모두 낮은 신분의 출가자였다.

부처님이 고향 카필라밧투를 다녀온 뒤 불교교단은 더욱 활기를 띠었다. 제자들의 숫자도 많이 늘어나 불전에서는 이를 통틀어 '1,250인의 비구'라고 말하고 있다. 이 숫자는 캇사파 3형제가 데리고 온 1천 명, 사리풋타와 목갈라나 등과 함께 집단 개종한 250명을 합친 숫자다. 이는 2개 집단의 비구가 부처님 재세시 불교교단의 중심 세력이었음을 의미하는 것으로 볼 수 있다.

교단이 점차 확대·발전함에 따라 교단의 통솔과 운영을 위한 규정도 점차 강화되어 '율(律)'이 제정되었다. 율은 대체로 입단 규칙, 생활의 규율, 위반에 대한 벌칙, 수행의 방법 등을 규정한 것이다.

율의 제정과 더불어 주목할 점은 원림(園林) 또는 정사(精舍)와 승원 제도가 확립되었다는 것이다. 부처님 당시 유력한 재가신자들은 불교교단에 원림을 기증하고 우기 중에는 음식물을 제공하여 비구들을 그곳에 머무르게 했다. 이것이 발전되어 나중에는 건축물을 지어 교단에 기증하기도 했다. 유명한 죽림정사(竹林精舍)·기원정사(祇園精舍)·녹자모강당(鹿子母講堂) 등은 재가자가 기증한 정사다.

정사가 세워진 뒤 비구들은 그곳에서 안거를 보냈다. 때에 따라서는 안거가 끝난 뒤에도 머무르는 일도 있었다. 그리하여 부처님 만년에는 유행 편력하는 생활에서 정사에서 거주하는 생활로 변모해 가는 양상을 띠었다. 이 같은 생활은 당시 수행자들이 금과옥조처럼 여기던 사의(四依), 즉 걸식만으로 먹는 것을 해결하고, 분소의(糞掃衣)만을 입으며, 나무 아래에서만 명상하고 잠자며, 소의 오줌 등으로 만든 부란약(腐爛藥)만을 사용한다는 율법에서 점차 이탈하게 되었다. 이러한 변화의 추세는 급기야 엄격한 계율주의자였던 데바닷타가 율법으로의 회귀를 요구하는 사태로까지 비화되기에 이른다.

그러나 부처님은 이러한 요구를 거부했고 데바닷타는 부처님 밑을 떠나 스스로 자신의 교단을 만들었다. 최초로 불교교단에 분파가 생긴 것이다. 부처님이 데바닷타의 요구를 거절한 것은 계율을 포기하자는 것이 아니었다. 부처님이 거절한 것은 지나친 율법주의였다. 부처님의 가르침은 극단에 치우치지 않는 중도였던 것이다. 지킬 수도 없는 극단적인 계율은 깨달음에 장애가 될 뿐 전혀 도움이 되지 않기 때문이다.

비구의 청정성은 승가를 유지하는 가장 기본적인 기반이다. 그리고 그것은 결코 형식적인 의례에 의해 성취되지 않는다. 수행생활에서 잘못이 있으면 반성하고 죄를 지었으면 참회함으로써 청정성이 확보되는 것이다. 이러한 기능을 불교교단은 초기부터 포살(布薩)과 자자(自恣)라는 제도로 확보하고 있었다.

포살은 매월 초하루와 보름에 승가의 구성원 전원이 한자리에 모여 수행자가 지켜야 할 계율인 바라제목차(波羅提木叉)를 읽어 나간다. 계율을 위반한 비구는 그 사실을 고백하고 참회한다. 자자는 우안거(雨安居)가 끝나는 날 행해진다. 한 사람씩 자리에서 일어나 안거 동안 자신이 무엇을 잘못했는지 지적해 달라고 동료에게 자청하는 참회 의식이 자자이다.

성도 후 45년간 꾸준히 제자를 키우고 중생을 교화한 부처님은 80세가 되어 마지막 안거를 베살리의 죽림촌에서 보냈다. 이 우안거 기간에 부처님은 매우 위독한 병에 걸려 '죽음에 가까울 만큼 심한 아픔'이 있었다. 부처님은 이 고통을 참고 견뎌냈지만 아난다는 걱정이 되어 부처님이 열반에 든 다음 무엇에 의지해야 하는지를 물었다. 이에 대해 부처님은 이렇게 답했다.

"나는 안팎의 구별없이 모든 법을 설했다. 나는 제자를 가르치는 데 숨긴 것이 하나도 없다. 나는 비구들이 나를 의지하고 있다거나 나만이 비구들을 지도한다고 생각한 적도 없다."

계속해서 부처님은 이렇게 말씀하셨다.

"비구들이여, 그대들은 내가 입멸한다 해도 남에게 의지하지 말

석가모니 부처님의 열반을 형상화한 부도

고 자신에게 의지해야 하며 진리에 의지해야 한다. 이렇게 수행한
다면 반드시 높은 경지에 이를 것이다.”

부처님은 베살리를 떠나 쿠시나라로 향했다. 부처님은 얼마 후
쿠시나라 근처의 파바 마을에 도착하여 대장장이의 아들인 춘다의
망고원에 머물렀다. 여기서 부처님은 춘다가 올린 수카라맛다바
(버섯요리의 일종)를 먹은 후 중병에 걸렸다. 경전에 “붉은 피가
쏟아지고 죽음에 가까운 심한 통증이 일어났다.”고 기록되어 있는
것으로 미루어 보아 격렬한 설사를 겸한 병이었던 것 같다. 병의
고통을 참고 견디면서 쿠시나라에 이른 부처님은 말라 족의 우파
밧타나에 있는 사라 나무 숲으로 들어갔다.

부처님은 아난다에게 말씀했다.

“아난다여, 그대는 나를 위해 사라쌍수 사이에 머리를 북쪽으로
향할 수 있도록 자리를 깔라. 나는 피곤하다. 자리에 누울 것이
다.”

부처님은 아난다가 깔아 주는 자리에 오른쪽 옆구리를 밑으로
하고 발 위에 발을 포갠 자세로 선정에 든 채 열반에 들었다. 부처
님이 제자들에게 남긴 최후의 유훈은 “모든 것은 변하니 방일(放
逸)하지 말고 정진하라.”는 말이었다.

부처님의 열반, 즉 죽음은 ‘입멸(入滅)’이라고도 한다. 이 말은
파리닙바나(parinibbana, 般涅般)를 번역한 것으로서 육체를 버림
으로써 부처님이 완전한 이상경(理想境), 평화, 정적의 세계에 들
어간 것을 의미한다. 부처님은 당연히 정신적 고뇌가 없지만 육체
를 가진 인간으로서의 한계는 있었다. 열반은 죽음을 통해 육체적
제약을 벗어나는 행위라고 볼 수 있다.

석가모니 부처님은 이처럼 길 위에서 태어나 길 위에서 불법을
설하고 길 위에서 열반하셨다. 빈 손으로 왔다가 빈 손으로 돌아

가신 것이다. 그러나 부처님의 가르침은 역사의 길을 따라 변천을 거듭하면서 날로 번성하여 오늘 우리의 가슴에 감로수로 적셔 들고 있다.

2. 부처님의 가르침

연기와 사제

부처님은 보리수 아래서 우주와 인생을 관통하는 궁극적인 진리를 깨달으셨다. 그 궁극의 진리가 무엇인가 하는 것은 불교도의 최대의 관심사요, 가장 중요한 논제가 아닐 수 없다. 불교도의 궁극의 목표와 목적이 부처가 되는 것이라 할 때 석가모니 부처님께서 깨달으신 진리야말로 불교도들이 부처가 되기 위한 필수 불가결의 관건이기 때문이다.

불전(佛典)을 종합하여 유추해 보면 부처님이 보리수 아래서 깨달은 우주와 인생을 관통하는 보편 타당한 진리는 바로 연기의 이치였다. 즉 이 세상 만유가 모두 원인과 결과로 이루어져 있다는 인과의 법칙이었다. 인과의 법칙은 상식적으로 따져 보아도 납득이 가는 다분히 보편적인 논리다. 농부가 봄에 씨를 뿌렸기에 가을에 수확을 거둘 수 있으며 사람이 손바닥을 마주쳤으니 소리가 나는 것처럼 이 세상에 원인이 없는 결과란 없다. 이 세상에서 벌어지고 있는 모든 현상이나 활동은 모두 원인에 의거한 결과이며, 이 결과는 또한 새로운 현상을 잉태하는 원인이 된다.

인과의 법칙을 벗어날 수 있는 것은 아무것도 없다. 인간의 삶도 마찬가지다. 왜 나는 이 세상에 이 같은 모습으로 이 같은 환경에 태어났을까? 왜 인간은 병들고 죽어가야 하는가? 부처님이 고민하고 탐구하신 주제도 바로 이것이었다. 그리고 부처님은 고행과 수도 끝에 그 원인을 찾으셨던 것이다. 그것이 바로 연기의 이치였다.

그런데 여기서 문제가 대두된다. 앞에서도 언급한 바 있듯이 부처님은 자신이 깨달은 이치가 너무 오묘하고 복잡해 세상 사람들이 이것을 알아들을 수 없을 것이라고 고심하셨다. '이것이 있으므로 저것이 있고, 저것이 없으므로 이것이 없다'는 연기의 이치가 단순한 듯하면서도 심오한 진리를 내포하고 있는 것은 인정되지만 부처님 당신께서 고민하실 만큼 사람들이 알아들을 수 없을 정도로 심오하고 난해한가 하는 것이다. 때문에 부처님이 깨달으신 것은 단순한 12개의 범주로 한정되어 설명되는 십이연기와 사성제의 이치만이 아닐 것이라는 추론도 가능하다.

아무튼 경전에 따르면 부처님은 우주와 인생의 이치에 대해 깨달으신 뒤 한참 동안 보리수 아래 앉아 깨달으신 그 진리를 즐겼으며, 그 심원하고 오묘한 진리를 탐욕의 암흑에 묻혀 있는 사람들이 알아듣지 못할 것을 염려하여 혼자만 간직할까 망설이다가 21일이 지나서야 전법을 결심하셨다고 한다. 그리고 부처님 성도 이후 첫번째 법문인 녹야원의 초전법륜에서 사성제·팔정도의 가르침을 설했다는 것이 정설이다.

사제는 불교의 가장 기초적인 가르침으로서 말 그대로 네 가지 성스러운 진리다.

첫째는 고성제(苦聖諦)의 진리다. 고성제란 우리의 인생이 괴로움에 처해 있다는 사실을 자각하는 것이다. 인생이 겪는 생로병사와 사랑하는 사람과 헤어지는 것, 미운 사람과 만나는 것, 구하여도 얻어지지 않는 것 등은 누구나 겪는 괴로움이다. 그러나 우리는 이것을 잊거나 의도적으로 외면하려고 한다. 고통의 현실을 외면하면 수행하고 해탈을 추구하려는 마음이 생기지 않는다. 그러므로 불자는 인생이 처한 현실을 냉엄하게 자각하는 안목을 갖추어야 한다.

둘째는 집성제(集聖諦)의 진리다. 집성제는 이와 같은 고통의 원인이 갈애와 망념의 집적에 의해 생겨났음을 자각하라는 것이다. 부처님의 설명에 따르면 인생이 겪어야 하는 고통은 우리가 그 대상에 지나치게 집착함으로써 생긴다. 고성제에서 설명한 생로병사를 비롯한 모든 고통은 탐욕과 갈애가 집적한 결과다. 사랑에 대한 집착, 미움에 대한 집착은 그 고통을 더욱 크게 할 뿐이다. 중생이 윤회의 삶을 거듭하는 것도 따지고 보면 이 갈애와 집착 때문이다. 이러한 인식과 깨달음이 분명할 때 우리는 제3의 길을 모색하게 된다.

셋째는 멸성제(滅聖諦)의 진리다. 멸성제는 집착과 갈애가 다 소멸된 상태를 말한다. 고통의 원인이 갈애의 집적 때문이라고 한다면 그것을 소멸시키면 괴로움도 소멸될 것은 당연하다. 이를 열반이라 하는데 불교도가 도달해야 할 최상의 행복의 경지다. 열반을 최상의 행복으로 여기는 것은 여기에 이르러야 다시는 고통스런 윤회의 삶을 반복하지 않기 때문이다. 실로 불교의 이상은 이와 같은 행복을 성취하는 데 있다. 불교의 모든 종교 활동은 이 이상을 성취하고자 하는 것에 목적이 있다.

넷째는 도성제(道聖諦)의 진리다. 도성제란 앞에서 말한 멸성제의 목표에 도달하기 위한 수단을 말하는 것으로 여기에는 여덟 가지 길이 제시되고 있다. 이를 팔정도(八正道)라고 한다. 팔정도의 내용은 앞에서 설명한 대로다. 팔정도는 열반을 성취하려는 사람이 걸어야 할 길인 동시에 깨달음을 성취한 사람이 걸어가지 않으면 안 되는 길이기도 하다.

영원한 가르침, 깨달음

부처님이 깨달으신 진리가 사제·십이연기로 대표되는 인과의 법칙이었다고 할 때 그것을 논리적으로 이해했다고 해서 깨달음에 이르러 해탈을 이루었는가 하는 질문이 대두될 수 있을 것이다. 그것은 여러 의미에서 쉽게 답을 내릴 수 없는 상당히 복잡한 여운을 남기는 문제가 아닐 수 없다. 인생이 괴로움이며 그 괴로움은 무명에서 비롯되었다는 것은 조금만 신경을 써보면 어렴풋이나마 수긍이 가는 명제다. 그러나 우리는 그것을 납득하고 이해했다고 해서 스스로를 성불을 이룬 각자라고 말하지 않는다. 그것을 이해했다고 해서 생사의 고통을 넘었다고 볼 수 없기 때문이다.

그렇다면 깨달음의 비밀은 과연 무엇인가. 무엇이 인간으로 하여금 우주와 인생의 실상을 꿰뚫어 보게 하며 그 어떤 것에도 걸림이 없는 대자유를 향유하게 하는 것인가. 그 같은 대자유의 경지를 증득한 사람은 석가모니 부처님 외에 또 누가 있단 말인가.

융통무애한 깨달음이 과연 존재하는 것일까. 깨달음에 끝이 존재할까. 혹시 인간이 가까이 가면 갈수록 깨달음 역시 한 걸음씩 멀어져 가는 것은 아닐까. 시간에 다함이 없는 것처럼 자기 부정, 자기 초월의 저편 역시 한없이 뒷걸음질칠 것이며 그와 같이 깨달음에도 다함이 없는 것 아닐까. 어떤 기준이나 목표를 정해 놓고 깨달음 즉 성불 여부를 판단할 수 있을까. 그것은 대망언자들이나 할 수 있는 일이 아니겠는가. 실제로 깨달음이 있다고 하더라도 불교의 최상 논리인 공관(空觀)에 입각한다면 그 깨달음 역시 또다시 부정되어져야 하는 것 아닌가.

이런 차원에서 보면 깨달음은 차라리 실재가 아니라고 봐야 하지 않을까. 사실 이런 의문과 회의가 드는 것도 무리는 아니다. 그렇기 때문에 우리는 부처님의 말씀, 깨달음의 말씀인 경전을 공부해야 하는 것이다.

일반적으로 경전이라 하면 보통 삼장(三藏)을 일컫는다. 삼장이란 첫번째 결집 때 아난다 존자가 암기해 낸 부처님의 가르침 즉 교리(教理)를 내용으로 하는 경장(經藏), 우팔리 존자가 구술한 출가자의 계율과 승단의 규율 등이 담긴 율장(律藏), 경장에 대한 해석과 연구를 체계화한 논장(論藏) 등을 말한다. 대장경은 이 같은 삼장을 모은 총서로서 10세기 후반 중국 송나라 때 모든 경전을 망라하여 만든 것이 그 시초이다.

여기서 팔만대장경이라 일컬을 정도로 방대하기 이를 데 없는 경전을 다 소개할 수는 없지만 주요 경전의 내용을 간략히 살펴보면 다음과 같다.

① 아함경

아함(阿含)이란 범어 '아가마(Āgama)'를 소리나는 대로 음사한 것으로 '전해옴'이라는 뜻이다. 《아함경》은 불교의 기초가 되는 5온·12처·18계·12연기설이 설해져 있는 경전이다. 이렇듯 가장 원초적인 부처님의 가르침을 담고 있는 《아함경》은 《반야경》《법화경》《화엄경》 등 대승경전의 뿌리가 되는 경전이기도 하다.

《아함경》은 경의 길이에 따라 《장아함경》《중아함경》《잡아함경》《증일(增一)아함경》이 있다. 《장아함경》은 비교적 긴 경으로 22권에 30개의 경이 들어 있고, 《중아함경》은 중간 길이의 경으로 60권에 222경이 들어 있다. 짧은 경을 모아 놓은 《잡아함경》은 50권에 1,362경이 수록되어 있다. 또한 《증일아함경》에는 51권에 472경이 들어 있다.

어느 경전보다 부처님의 인간적인 체취가 짙게 묻어 있는 《아함경》에서 부처님은 번뇌에 싸여 고뇌하는 중생들을 제도하여 인간 완성의 길로 인도하는 자상한 교사의 모습을 보이고 계신다. 뿐만 아니라 부처님은 이 경에서 자신에 대한 숭배를 극력 거부하면서 진리에 따른 삶을 영위할 것을 가르치고 있다.

② 반야심경

《반야심경》의 정식 명칭은 '마하반야바라밀다심경'이다. 《반야심경》은 600권이나 되는 《대품반야경》의 사상을 260자로 압축해 놓은 불교사상의 에센스 경전이다.

《반야심경》은 고통스런 차안에서 벗어나 피안으로 건너가는 지혜로운 가르침과 실천의 핵심을 밝혀 놓은 경전으로 공(空)의 도리를 깨달아야 함을 설하고 있다. 번뇌로 가득 찬 인생의 뿌리를 캐내어 가면 무명(無明)에 이르게 되므로 연기의 공함을 자각하여 무명을 소멸할 때 깨달음을 얻어 반야가 실현되며 열반에 도달한다는 것을 설하고 있다.

③ 금강경

온전한 이름은 '금강반야바라밀경' 또는 '능단(能斷)금강반야바라밀경'이다. 《금강경》은 불교교리의 핵심적 내용이 간결하게 설해져 있는데, 금강석과 같이 견실한 지혜의 배를 타고 생사 미혹의 세계에서 깨달음의 세계로 도달할 것을 설하고 있다.

《금강경》의 특징은 '마땅히 머무르는 바 없이 그 마음을 내라(應無所住而生其心)'라는 구절에 잘 나타나 있다. 한마디로 말하면 집착 없는 마음을 강조하고 있는 것이다.

《금강경》은 교외별전(敎外別傳)을 표방하고 있는 선종(禪宗)에서 예외적으로 중요시하는 경전이다. 중국 선종의 실질적인 창시자라 할 수 있는 혜능(慧能) 대사는 《금강경》 독송 소리를 듣고 발심 출가했다고 할 정도다. 우리 나라 최대의 불교 종파인 조계종에서도 《금강경》을 소의(所依) 경전으로 하고 있다.

④ 법화경

《법화경》의 정식 명칭은 묘법연화경(妙法蓮華經), 범어로는 삿다르마 푼다리카 수트라(Saddharma puṇḍarika sūtra)로서 '무엇보다도 바른 백련(白蓮)과 같은 가르침'이라는 뜻을 갖고 있다. 《법화경》은 가장 많은 지역에서 가장 많은 민족들이 수지독송해 온 대승경전의 꽃으로 꼽히는 경전이다.

《법화경》이 경전 중의 왕이라 일컬으며 많은 사람에게 숭앙되어 온 것은 이 경전이 담고 있는 사상이 그만큼 넓고 깊기 때문이다. 예를 들면 부처님은 이미 오래 전 과거세에 성불(久遠實成佛)하신 법신불로서 시공을 초월한 우주적 생명이며, 다른 경에서는 성불할 수 없다고 설한 일천제(一闡提) 등 악인이나 여인까지도 성불이 가능하다고 설하고 있다. 뿐만 아니라 성문(聲聞)·연각(緣覺)·보살(菩薩)의 삼승이 결국은 부처님 한 분으로 회귀한다는 일불승(一佛乘) 사상으로 소승불교와 대승불교의 모순과 대립을 회통(會通)하고 있다.

⑤ 화엄경

《화엄경》은 《법화경》과 쌍벽을 이루는 경전으로 교학적·사상적으로 불교의 핵심을 가장 깊게 담고 있는 경전으로 평가받고 있다. 정식 명칭은 '대방광불화엄경(大方廣佛華嚴經)'이며, 각 품이 독립된 경전으로 성립되었다가 후에 하나의 경전으로 집대성되었다. 범어 원전으로 남아 있는 것은 〈십지품(十地品)〉과 〈입법계품(入法界品)〉뿐이며 한역으로는 그 권수에 따라서 '40화엄' '60화엄' '80화엄' 세 가지가 있다. 이 중 《40화엄》은 《화엄경》의 마지막 장인 〈입법계품〉에 해당한다.

'갖가지 아름다운 꽃으로 부처님을 장엄한다'는 경의 이름만큼

이나 장대하고 화려한 우주관을 담고 있는 《화엄경》은 수많은 보살이 등장하여 부처님의 무한 공덕을 찬탄하며, 천상과 지상을 오가며 법석을 펼치고 있다. 특히 〈입법계품〉에서 선재동자(善財童子)가 보살·비구뿐만 아니라 창녀까지도 선지식으로 삼아 구도하는 모습은 문학적으로도 감동의 극치를 보이고 있다.

유명한 〈화엄일승법계도〉는 의상 대사가 《화엄경》의 뜻을 알기 쉽게 요약한 210자의 〈법성게〉를 도표로 만든 것이다.

⑥ 열반경

《열반경》은 석가모니 부처님이 쿠시나라 사라쌍수 아래에서 열반에 들기 직전에 남긴 최후의 법문을 주된 내용으로 하고 있다. 경전의 중심 사상은 불신상주(佛身常住)·열반상락아정(涅槃常樂我淨)·일체중생 실유불성(一切衆生悉有佛性)으로 요약된다. 특히 모든 중생에게 부처님이 될 수 있는 성품이 있다는 일체중생 실유불성 사상은 번뇌에 뒤덮여 있는 범부들에게 희망을 던져 주는 획기적인 사상이다. 그러나 일체중생이 불성을 체험하기 위해서는 부처님의 가르침을 믿고 부단히 수행할 때 비로소 가능하다. 그래서 부처님은 최후의 유훈으로 "모든 것은 변하니 게으르지 말고 부지런히 정진하라."고 당부하신다.

⑦ 유마경

원래 경이란 부처님이 설하신 가르침만을 뜻한다. 그런데 《유마경》은 설법의 주체가 부처님이 아니라 재가자인 유마(維摩) 거사다. 뿐만 아니라 사리풋타·목갈라나 등 부처님의 수제자들이 유마 거사와 감히 대적도 하지 못하고 지혜의 상징이라는 문수보살마저 유마 거사보다 한 수 아래로 묘사된다. 이렇듯 《유마경》은 《승만경》과 더불어 재가불교를 소리 높여 주창하고 있는 이색적인 경전이다.

경의 형식은 병으로 누워 있는 유마 거사와 부처님 제자들을 대동하고 온 문수보살 사이의 대화 형태를 취하고 있다. 불교문학의 백미라 일컬을 정도로 내용 또한 흥미진진한 《유마경》은 '중생이 아프므로 보살도 앓는다' '우레와 같은 침묵'이라는 말의 출처이기도 하다. 《유마경》은 반야공(般若空)·불이(不二) 사상에 기초한 대승보살도의 실천을 강조하고 있다.

⑧ 능엄경

《능엄경》의 온전한 명칭은 '대불정여래밀인수증요의제보살만행수능엄경(大佛頂如來密因修證了義諸菩薩萬行首楞嚴經)'이다. 명칭의 의미는 '무한하게 크고 두루한 깨달음을 성취한 부처님이 되고자 보살들이 닦는 완전무결한 수행법을 말씀하신 경'이란 뜻이다.

《능엄경》은 수행하는 방법을 구체적으로 서술하고 있어 선가(禪家)에서도 매우 중시하고 있는 경전이다. 이 경은 부처님의 제자 아난다가 마등가 여인의 주력(呪力)에 의해 마도(魔道)에 떨어지려는 장면부터 시작된다. 《능엄경》은 특히 선정(禪定)의 힘과 다라니(多羅尼)의 공덕을 찬양하고 있다. 다라니에 의해 마장(魔障)을 물리치고 선정에 전념하여 깨달음을 얻어 미혹한 세계를 벗어나야 한다고 가르치고 있다.

우리 나라에서는 《원각경》《금강경》《대승기신론》과 함께 강원의 사교과(四敎科)의 한 과목으로 학습되고 있다.

⑨ 법구경

《법구경》은 《숫타니파타》와 함께 가장 오래 된 경전의 하나다. 팔리 어로는 담마파다(Dhammapada)라고 하는데 '진리의 말씀'이라는 뜻이다. 이 경은 전체 423편의 게송으로 이루어진 시집인데, 그 주제에 따라서 26장으로 되어 있다. 물론 이 시들은 부처님이 직접 읊은 것이 아니라, 부처님의 가르침이 시의 형태로 엮어져 초기불교 교단 내에서 널리 전해졌던 것이다.

부처님의 가르침을 비교적 원초적인 형태로 담고 있는 《법구경》의 시편 하나 하나는 윤리적·종교적으로 높은 가치를 지니고 있다.

⑩ 원각경

《원각경》의 원래 명칭은 '대방광원각수다라요의경'으로 '크고 바르고 광대한 내용을 가진 원각(圓覺)을 설한 수다라(修多羅) 즉 경 중에서 으뜸이 되는 경'이라는 뜻이다. 이 경은 석가모니 부처님과 문수·보현 등 12보살들과의 문답을 통해 대원각의 묘리와 그 관행(觀行)을 밝히고 있다. 제1〈문수보살장〉에서는 누구나 본래부터 갖고 있는 원각에 환원하기만 하면 생사가 곧 열반이요, 윤회가 곧 해탈이 됨을 가르치고 있다. 제2〈보현보살장〉부터 제11〈원각보살장〉까지는 원각을 닦고 증득함에 필요한 사고와 실천에 대해 설하고 있다. 끝으로 제12〈현선수(賢善首)보살장〉에서는 이 경의 이름과 신수봉행(信受奉行)의 방법 그리고 수지하는 공덕과 이익 등에 대해 설하고 있다.

《원각경》은 교학과 선정의 일치를 추구하는 교선일치론(教禪一致論)의 입장을 취하고 있는 경전으로 우리 나라 불교계에서는 매우 존중하는 경 가운데 하나다.

⑪ 천수경

우리 나라 불자들 사이에서 가장 많이 독송되는 경전의 하나가 《천수경(千手經)》이다. 본래 명칭은 '천수천안관자재보살광대원만무애대비심대다라니경'이다. 우리말로 풀어 보면 '한량없는 손과 눈을 가지신 관자재보살의 넓고 크며 걸림이 없는 대자비심을 간직한 큰 다라니에 관한 부처님의 말씀'이다.

천 개의 눈으로 중생들의 아픔을 살펴서 천 개의 손으로 중생의 고통을 어루만져 주겠다는 관세음보살의 중생 구제 원력을 밑바탕에 깔고 있는 경전이 《천수경》이다. 그런 만큼 수지독송의 공덕 또한 대단하다. 이 경을 외우는 공덕은 넓고 크며 모난 곳이 없이 너그러우며 걸림이 없고 자비로운 마음을 가질 수 있게 한다고 한다. 또한 《천수경》은 중생들이 스스로 지은 죄업을 소멸하고 악한 귀신들로부터 보호해 주는 참회와 호신(護身)의 경전이기도 하다.

⑫ 부모은중경

《부모은중경》은 부모의 은혜가 한량없이 크고 깊음을 설하여 그 은혜에 보답하도록 가르치는 경이다. 달리 '불설대보은중경(佛說大報恩重經)'이라고도 한다. 부모의 은혜를 갚기 위해서는 우란분공양을 행하고 이 경을 사경하거나 독송할 것을 권장하고 있다. 부모의 은혜는 한량없이 커서 왼쪽 어깨와 오른쪽 어깨에 아버지와 어머니를 업고 가죽이 닳아서 뼈가 드러나고 골수에 이르도록 수미산을 백천번 돌더라도 그 은혜를 다 갚을 수 없다고 한다.

《부모은중경》은 중국에서 만들어진 것으로 부처님께서 직접 설한 경전은 아니지만, 부모에 대한 효성을 중시하여 예로부터 우리나라와 중국에서 많이 읽혀 왔던 경전이다.

3. 십대제자

석가모니 부처님은 가장 거룩하신 스승이다. 이 거룩한 분의 가르침을 받은 수많은 사람 중에 가장 그 빛이 찬란했던 십대제자야말로 그분의 눈과 귀 그리고 손발로서의 역할을 충실히 수행했던 분들이며 가장 행복한 사람들이라 할 수 있다.

부처님의 제자 가운데 생사를 초월하여 사과(四果)를 이룩하고 최고의 경지인 열반에 든 아라한이 1,200이었으며 그 가운데 우뚝한 보살이 5백이었다고 전해지는데 십대제자란 그 가운데서도 지혜와 신통, 도덕, 수행 등이 가장 뛰어났던 열 분을 일컫는다. 그분들을 존자(尊者)라고 부르는데 사리풋타·목갈라나·마하캇사파·아니룻다·숩부티·푸라나·카탸야나·우팔리·라훌라·아난다 존자다.

사리풋타(Sāriputta, 舍利弗)

사리풋타는 부처님 제자 중 지혜제일(智慧第一)로 불렸다. 사리풋타는 눈이 파랗고 빛나는 모양이 마치 사리(매의 한 종류)를 닮았다 하여 붙여진 이름이라고 한다.

그는 마가다 국의 수도 라자가하 인근 나라다 마을의 부유한 바라문의 여덟 아들 중 장남으로 태어났다. 어려서부터 매우 총명했던 그는 공부를 시작한 지 얼마 안 되어 고대 인도의 성전인 네 가지 《베다》를 익혀 그 뜻을 통달했다. 뿐만 아니라 예술에도 남다른 재능을 보였으며 용모 또한 준수했다고 한다. 그는 인근 콜리타 마을의 목갈라나와 매우 가까운 친구였다.

어느 날 사리풋타와 목갈라나는 마을 근처의 산에서 바라문교의 제사를 구경하다가 문득 인생의 무상함을 느끼고 출가하여 진실한 깨달음을 구하기로 약속했다. 그는 부모의 반대를 무릅쓰고 7일간의 단식 끝에 출가를 허락받았으며, 이어 목갈라나도 출가했다. 그들은 라자가하에서 당시 명성을 떨치던 유명한 회의론자인 산자야의 문하에서 수행했다. 타고난 신동이었던 그는 불과 7일 만에 스승을 대신할 만큼 되었으나, 완전한 마음의 평화를 얻지는 못했다. 그러던 어느 날 라자가하의 길거리에서 탁발하던 부처님의 제

지혜제일 사리풋타　　　　　　　　신통제일 목갈라나

자 앗사지(阿說示)를 만나 연기(緣起)의 가르침을 들었다. 그는 곧 부처님의 가르침이야말로 진실로 깨달음으로 이끄는 진리임을 알아챘다. 그는 곧바로 이 사실을 목갈라나에게 알려 산자야 문하 250명의 다른 수행자들과 함께 죽림정사로 가서 부처님께 귀의했다.

사리풋타는 곧 불교교단의 중심 인물이 되었다. 부처님을 대신하여 비구들에게 법을 설하는 것은 물론이고 교단 내의 여러 문제들도 도맡아서 해결했다. 데바닷타(提婆達多)가 부처님에게 반대하여 교단이 분열의 위기에 처했을 때도 목갈라나와 함께 혼신의 힘을 다해 혼란 속에 빠진 수행자들을 설득하여 사태를 수습했다. 부처님이 입적하는 것을 차마 볼 수 없었던 사리풋타는 목갈라나와 함께 부처님보다 먼저 입적하는 것을 허락받은 후 나라다 마을로 가서 옛 친척들에게 마지막 법을 전한 뒤 입적했다.

목갈라나(Moggallāna, 目犍連)

목갈라나는 부처님의 십대제자로서 신통력이 뛰어나 신통제일(神通第一)로 불렸다. 마가다 국 라자가하 근교 콜리타 마을에서 태어난 그는 인근 나라다 마을의 사리풋타와 서로 친했다. 어느 날 사리풋타와 함께 바라문교의 제사를 구경한 뒤 인생의 무상함을 느껴 산자야의 문하로 출가했다. 곧 스승을 대신할 만큼 지혜를 얻었으나, 완전한 마음의 평화를 얻지는 못했다. 그러던 중 사리풋타가 라자가하의 거리에서 탁발을 하던 부처님의 제자 앗사지를 만나 연기의 가르침을 들었다. 그는 사리풋타의 권유로 산자야의 제자 250명과 함께 죽림정사를 방문해 부처님께 귀의했다.

목갈라나는 사리풋타와 더불어 불교교단의 중심 인물로 부각되었다. 신통력이 뛰어난 그는 부처님의 법을 전하려는 것을 방해하는 사람들을 물리치는 데 크게 공헌했다. 데바닷타가 부처님에게 반대해 교단이 분열의 위기에 처했을 때 사리풋타와 함께 수행자들을 설득해 혼란을 수습한 사람도 바로 그였다. 목갈라나의 활약이 두드러진 만큼 불교교단에 반대하거나 데바닷타를 따르는 무리들의 그에 대한 박해도 점차 거세졌다. 말년에 그는 라자가하에서 집장외도(執杖外道) 일파에게 몽둥이로 맞아서 뼈가 부러지고 살점이 떨어져 나갈 지경까지 이르렀다. 이것을 본 사리풋타가 물었다.

"그대는 신통제일로 불릴 만큼 훌륭한 법력을 가지고 있는데 왜 피하지 못했는가?"

"나는 전생에 부모를 괴롭힌 과보를 받는 것일 뿐이네."

목갈라나의 대답은 오히려 담담할 뿐이었다. 이 사건 이후 부처님께 입적을 허락받은 뒤 고향 콜리타로 돌아갔다. 콜리타 마을에서 마지막 순간까지 사람들에게 부처님의 가르침을 전하고 입적하였다.

마하캇사파(Mahākassapa, 大迦葉)

마하캇사파는 부처님의 제자 가운데 의식주의 집착을 없애는 고된 수행을 잘 견디어내어 두타제일(頭陀第一)로 불리었다. 그는 부처님 당시 마가다 국의 마하사타라 마을의 큰 부자집의 외아들로 태어나 부모의 사랑을 받으며 자랐다. 총명했던 그는 8세 때에 이미 브라만의 계조(戒條)를 외웠으며 여러 학문이며 문학, 가무 등에도 능통한 재주를 보였다.

그러나 그는 속된 즐거움을 즐기지 않았다. 항상 홀로 명상에 잠기기를 좋아했다. 그의 부모들은 그가 헌출한 청년으로 성장하자 서둘러 결혼을 시키려 했다. 내심 수행자의 길을 걸으려고 결심을 하고 있던 그는 장인(匠人)에게 부탁하여 아름다운 황금빛 여인상을 만들게 했다. 그리고는 부모에게 이처럼 예쁜 여인이 아

두타제일 마하캇사파

니면 결혼하지 않겠다고 했다. 가문의 단절을 염려한 부모는 온갖 수단을 동원하여 여인상을 닮은 처녀를 찾아냈다. 일이 이렇게 되자 캇사파도 어쩔 수 없이 결혼을 해야 했다. 그러나 첫날밤 캇사파는 신부에게 이렇게 말했다.

"나는 본래 오욕락에 물드는 것을 싫어하고 청정한 계행을 닦는 것을 소원으로 하고 있소. 비록 부모님의 성화에 못이겨 그대와 혼인을 했으나 잠자리는 따로 합시다."

신부 밧다카필라니도 청정한 생활을 꿈꾸어 왔는지라 쾌히 이에 응했다. 이들 부부는 그 후 12년 동안 함께 지냈으나 순결을 잃지 않았다. 결혼한 지 12년이 지나 캇사파의 부모가 세상을 떠나자 캇사파는 석가모니 부처님의 문하로 출가했고 몇 년 뒤 부처님이 여자의 출가를 허락했을 때 밧다카필라니도 비구니로서 부처님의 문하로 들어왔다.

캇사파는 부처님의 제자로서 뛰어난 수행을 보여 높은 경지에 올랐으나 홀로 고행하는 것을 즐겨했기 때문에 당시 진보적이며 진취적인 비구들로부터 비판을 받기도 하였다.

마하캇사파는 영산회상에서 부처님이 꽃 한송이를 들어 보이신 뜻을 알아차린 염화시중(拈華示衆)의 주인공으로서 부처님의 상수 제자가 된 인물이기도 하며, 부처님이 쿠시나라에서 열반에 드셨을 때 다비할 나무에 불이 붙지 않았으나 그가 다가가 부처님의 시신을 향해 전법의 의지를 고하자 부처님이 두 발을 관 밖으로 내미셨다(槨示雙趺)는 일화를 만들어낸 인물이기도 하다.

부처님이 입멸하신 뒤 그는 교단을 실질적으로 이끌었다. 캇사파의 가장 큰 공헌은 아난다, 아니룻다 등 장로들과 함께 라자가하 근교의 칠엽굴에서 제1결집을 주도하여 부처님의 가르침이 후대에까지 전해지도록 한 일이다.

마하캇사파는 백 살이 넘어 쿡쿠타파다 산(鷄足山)의 풀밭에서 불법을 아난다에게 물려주고 열반에 들었다고 한다.

아니룻다(Aniruddha, 阿那律)

아니룻다는 부처님의 십대제자 가운데 지혜의 눈이 밝아 천안제일(天眼第一)로 불렸다. 잠을 자지 않고 수행하여 육체의 시력은 잃었으나 정신이 맑고 지혜의 큰 눈을 얻었다 한다. 그의 출신에 대해서는 샤카 족의 가난한 요리사였다는 설과 샤카 족 마하나마(摩訶男)의 아우로서 부처님의 사촌 동생이라는 설이 있다. 부처님이 깨달음을 얻은 뒤 카필라 성에 돌아왔을 때 여러 왕족과 함께 출가·입적하기 전까지 55년 동안이나 수행을 계속했다.

부처님이 코살라 국의 수도 사밧티에 있는 기원정사에서 많은

천안제일 아니룻다

제자와 신자들에게 가르침을 설할 때, 그가 졸았던 일이 있다. 이때 부처님은 조용히 꾸짖었다.

"아니룻다야, 너는 도대체 무엇 때문에 출가하였느냐?"

아니룻다는 곧 부처님께 참회하고 다짐하였다.

"오늘 이후부터 저는 설사 이 몸이 부서지는 한이 있더라도 부처님 앞에서 졸지 않겠습니다."

이때부터 그는 밤이 깊고 아침이 되어도 잠을 자지 않았다. 부처님은 타일렀다.

"수행을 게을리 하는 것도 잘못이지만 그대처럼 너무 지나쳐도 잘못이다."

부처님은 그의 시력이 나빠짐을 걱정하여 유명한 의사였던 지바카를 시켜 그의 눈을 보살펴 주도록 하기도 했다. 그러나 그는 부처님의 간곡한 설득에도 불구하고 결심을 바꾸지 않아 실명하고 말았다. 대신 지혜의 눈을

해공제일 숩부티

얻었다. 이를 인정한 부처님은 그를 천안제일이라고 칭찬했다.

한번은 아니룻다가 자신의 옷을 꿰매려는데 도저히 바늘 구멍을 찾을 수가 없었다. 이 모습을 본 부처님은 손수 그의 옷을 꿰매어 주었다. 그리고 수행의 바른 길을 제시하였다.

"내가 쌓는 공덕은 나 자신을 위한 것이 아니라 모든 중생을 위한 것이다."

그는 밧지 족이 살던 베루바 마을에서 입적했다.

숩부티(Subbūti, 須菩提)

숩부티는 부처님의 제자들 중에서 공(空)을 가장 잘 이해했다고 하여 해공제일(解空第一)이라 불렸다. 공을 잘 이해한 그는 마음 또한 허공처럼 넓어서 결코 남과 논쟁하지 않았다 그래서 그는 무쟁제일(無諍第一)이라고도 한다. 그는 또 누구보다 신도들의 공양을 잘 받았던 피공제일(被供第一)의 불제자였다.

그는 기원정사를 부처님께 기증한 수닷타 장자의 동생이다. 그는 형이 기원정사를 기증하는 날 부처님의 설법을 듣고 그 자리에서 출가했다.

숩부티는 부잣집의 아들이었지만 이 세상이 공한 것을 알아 욕심이 없었다. 그를 피공제일로 부르는 것은 그가 공양을 많이 받았을 뿐만 아니라 기쁨과 감사의 마음으로 신도들의 공양을 받아들였으며 또 공양 보시하는 사람들이 기쁜 마음, 숭고한 마음을 갖게 했기 때문이다.

그에게는 이런 일화가 있다. 그가 마가다 국의 라자가하에 있을 때 빔비사라 왕이 그의 설법을 듣고 감격하여 그에게 정사를 지어줄 것을 약속했다. 그러나 국사에 바쁜 왕이 약속을 이행하던 중 지붕 공사를 마치지 못하고 그만 잊어버리고 말았다. 이미 마음을 비운 숩부티 존자는 아무말 없이 지붕 없는 정사에 머물렀다. 따가운 햇살과 밤이슬에 노출된 정사에서의 생활이란 여간 괴로운 것이 아니었지만 몇 개월을 그대로 견뎠다.

그런데 어찌된 일인지 몇 달 동안이나 비가 오지 않는 것이었다. 논바닥은 바싹바싹 말라갔고 농부들의 시름은 깊어만 갔다. 마침내 주변에서 정사에 지붕을 덮어 주지 않아서 그렇다는 이야기를 듣고 왕은 자신의 무심함을 뉘우치면서 급히 지붕 공사를 마무리하였다. 그러자 곧 비가 내리고 백성들은 생기를 되찾았다.

공을 가장 잘 이해했다는 숩부티는 반야부 경전에서 공을 설하는 부처님의 상대자로 등장한다. 《금강경》의 수보리가 바로 그다.

푸라나(Purāṇa, 富樓那)

푸라나는 부처님의 제자 가운데 가장 언변이 뛰어나 설법제일

설법제일 푸라나

(說法第一)로 불렸다. 부처님의 고향인 카필라 성의 도나바투라고 하는 바라문 마을에서 부처님과 같은 날 태어났다. 아버지는 슛도다나 왕의 국사(國師)였고 어머니는 콘다냐 장로의 동생이었다. 푸라나는 어려서부터 총명하여 많은 공부를 하다 부처님의 성도 소식을 듣고 출가하였다. 그 후 지혜의 눈을 뜨고 부처님을 수행하면서 타고난 언변으로 무려 9만 9천 명의 사람을 교화하였다고 한다.

그는 법을 설할 때 자기 주장을 일방적으로 주입시키는 방법이 아니라 상대의 입장을 일단 인정한 다음 참다운 신앙심이 싹트게 하는 포교법을 구사했다. 다음의 일화는 그가 얼마나 넓은 마음으로 사람을 대했는지를 짐작케 한다.

어느 날 전법을 떠나는 그에게 부처님이 물었다.

"그 지방 사람들이 너에게 욕을 한다면 어떻게 하겠느냐?"

"모두 착한 사람들이어서 때리지 않는구나 하고 생각하겠습니다."

"때린다면 어떻게 하겠느냐?"

"모두 착한 사람들이어서 죽이지는 않는구나 하고 생각하겠습니다."

"죽인다면 어떻게 하겠느냐?"

"세상에는 스스로 자신의 목숨을 끊는 사람도 있고 자신을 죽여줄 것을 원하는 사람도 있습니다. 이렇게 원하는 죽음을 나에게 베풀어 준다고 생각하겠습니다."

부처님은 그의 전법에 대한 결의와 착한 마음을 알고 허락했다. 푸라나는 이처럼 안일한 삶을 버리고 전법을 위해 목숨까지 버리겠다는 각오로 오지의 포교에 전념했다. 그는 수나파란타에서 일년 동안 5백 명의 사람들을 불교에 귀의시킨 뒤 입적했다.

카탸야나(Kātyāyana, 迦旃延)

카탸야나는 부처님의 십대제자 가운데 논리가 가장 정연하여 논의제일(論議第一)로 불렸다. 아반티 국 웃제니에서 왕사의 아들로 태어난 그는, 부처님을 친견하고 싶어하는 왕의 명령을 받고 모셔가기 위해 찾아왔다가 설법을 듣고 감동하여 출가하였다고 한다. 그는 불교 전도에 큰 업적을 세웠는데, 특히 변경 지방의 포교에 많은 공을 세웠다.

그가 아반티 국에서 포교하고 있을 때 그에게는 소나라고 하는 시자가 있었다. 소나는 출가하여 수행하고 싶었지만 카탸야나 존자가 허락하지 않았다. 출가를 원하는 사람에게 계를 주기 위해서는 계화상을 비롯하여 갈마사, 교수사와 증인 화상 등 10명의 비

논의제일 카탸야나

구가 필요했으나 변경인 아반티에는 10명의 비구가 없었기 때문이었다. 출가를 원했던 소나는 결국 3년이라는 세월을 기다려 가까스로 10명의 비구가 모였을 때 구족계를 받을 수 있었다.

그 후 소나가 부처님을 뵙고자 길을 떠날 때 카탸야나는 소나에게 변방 지역의 수계의 어려움을 부처님에게 전하게 했다. 또 계율과 지방 풍습과의 마찰로 야기되는 문제도 여쭙게 했다. 부처님은 변경의 특수한 사정을 헤아려 카탸야나가 건의한 내용을 모두 수용했다.

우팔리(Upāli, 優婆離)

우팔리는 부처님의 십대제자 중 계율을 가장 잘 지킨 지계제일(持戒第一)로 불린다. 그는 고대 인도의 4가지 신분 중에서 가장 낮은 계급인 수드라(노예) 출신으로 샤카 족의 궁중 이발사였다

지계제일 우팔리

고 한다. 부처님이 성도 후 카필라 성에 돌아왔을 때 바드리카를 비롯한 아난다·데바닷타·아니룻다 등의 샤카족 왕자들이 앞다투어 출가하였다. 그들은 길을 떠나면서 수행생활에 불필요한 자신들의 옷과 장신구를 모두 그에게 주었다. 그러나 우팔리는 전혀 기쁘지 않았다. 남부럽지 않게 사는 그들이 온갖 부귀영화를 버리고 출가하는 것이 부러웠다. 그는 곧 이들보다 한 발 앞서 출가하였다.

바드리카 등은 출가할 때 여러 장로들에게 예배하면서 조금 먼저 출가한 우팔리에게도 똑같이 예배했다. 수드라 출신의 그가 크샤트리야(왕족) 출신에게 예배를 받은 것은 엄격한 신분제 사회였던 당시로서는 가히 혁명적인 사건이었다.

우팔리는 그러나 교리를 이해하는 데는 남들보다 다

소 더뎠던 듯하다. 그가 부처님을 찾아가 여쭈었다.

"저도 다른 비구들처럼 아란야(阿蘭若)에 들어가 수행하고 싶습니다."

마을에서 멀리 떨어진 숲을 아란야라 하는데 대중과 떨어져서 혼자 수행하는 것이 그에게 아직 잘 맞지 않으리라 판단한 부처님은 이렇게 훈계하였다.

"깊은 연못에 코끼리가 들어가 목욕하는 것이 부러워 토끼나 고양이가 따라 들어가서야 되겠느냐?"

그러나 그는 게으르지 않고 수행에 전념했으며 특히 계율을 매우 잘 지켰다. 다른 수행자들이 계율에 의문이 생기면 그에게 물을 정도로 계율에 정통했다. 그래서 부처님이 열반에 든 후 마하캇사파 등 5백 명의 제자들이 마가다 국의 수도 라자가하 교외의 베바라 산(毘婆羅山)에 있는 칠엽굴(七葉窟)에 모여 최초로 부처님의 말씀을 결집할 때, 계율을 외우는 일을 맡아 했다.

라훌라(Rāhula, 羅睺羅)

라훌라는 남이 보든 말든 묵묵히 실천 수행하는 데 으뜸이어서 밀행제일(密行第一)로 불렸다. 부처님이 출가하시기 전 부인 야소다라와의 사이에서 태어난 아들이 바로 라훌라다. 그의 출생이 부처님의 출가에 장애가 되었다는 의미로 부처님이 '장애'라는 뜻인 '라훌라'라 이름지었다고 한다. 숫도다나 왕을 이을 카필라 성의 왕위 계승자로 지목되었으나 부처님이 성도한 뒤 '진리라는 보배'를 그에게 유산으로 물려 주겠다며 사리풋타로 하여금 그를 출가시키도록 했다. 이때 그는 어린 소년으로 최초의 사미가 되었다.

그는 어린 데다 교단의 지도자인 부처님의 아들이었으므로 귀여움을 많이 받았다. 철 없는 그는 계율에 아랑곳하지 않고 장난을

밀행제일 라훌라

많이 쳤다. 이러한 소문은 곧 부처님의 귀에까지 들어가게 되었다. 어느 날 부처님은 그의 버릇을 고쳐 주기 위해 라훌라에게 물을 떠오라고 했다. 라훌라가 물을 떠오자 부처님의 발을 씻게 한 후 그 물을 마시라고 하였다. 그가 물이 더러워져서 마실 수 없다고 하자 부처님은 이렇게 훈계하셨다.

"한 번 더럽혀진 물은 사람이 먹을 수 없다. 사람도 올바른 지혜와 수행으로 자신을 닦지 않으면 이 물처럼 버릴 수밖에 없다."

이후 그는 계율을 잘 지켰을 뿐만 아니라 수행을 열심히 하는 모범적인 수행자가 되었다.

그가 아직 비구계를 받지 못했을 때였다. 부처님은 그때 코삼비의 비다리카 사원에서 많은 수행자와 신자들을 위해 설법했다. 늦은 밤 설법이 끝나자 수행자들은 신자들과 함께 잠자리에 들었다. 그러나 신자들의 험한 잠버릇 때문에 수행자들을 제대로 잠을 잘 수가 없었다. 부처님은 이런 사정을 듣고 비구와 그 외의 사람들이 함께 잠자리에 들지 말라는 규칙을 선포했다. 그러자 그는 몹시 난처했다. 그 동안 비구들은 그에게 매우 친절하게 대해 주었는데 계율 때문에 아무도 그와 잠자리를 함께 하지 않았다. 그는 할 수 없이 부처님이 사용하는 변소에 들어가 잠을 잤다. 다음날 아침 이를 눈치챈 부처님이 계율의 본뜻을 이해하지 못하는 것이 걱정이 되어 사리풋타 등의 비구들을 꾸중했다. 이 일을 계기로 계를 받지 않은 사람은 비구의 방에서 이틀 간 머물 수 있게 되었다.

그는 20세에 비구계를 받고 더욱 수행에 전념하여 아라한과를 성취하였다.

아난다(Ānanda, 阿難陀)

아난다는 가장 오랫동안 부처님을 모셨고 한번 들은 것은 결코 잊지 않는 총기를 지니고 있어 다문제일(多聞第一)로 불렸다. 아난다는 부처님의 사촌 동생이기도 하다.

아난다는 용모가 출중하고 총명하여 젊었을 때부터 여인들의 흠모를 받았다. 그 탓에 출가 수행자로서의 길이 더욱 험난했었다는 기록들이 경전 도처에서 발견된다.

아난다는 25년 동안 부처님을 모시고 여러 지방을 돌며 불법을 전했다. 그는 부처님이 열반에 드실 때도 바로 옆에서 임종을 지켰다. 부처님은 그가 정성을 다해 자신을 시봉했던 유능한 수행자라고 주위의 대중들에게 칭찬했다. 그러나 그는 너무 부처님의 시봉에만 열중했기에 부처님 임종시까지 아라한의 경지에 들지 못했다고 한다. 그래서 부처님이 입적하신 후 결집을 행할 때 마하캇

다문제일 아난다

사파에 의해 참가가 제지당하기도 했다. 부처님을 가장 가까이 모시면서 가장 많이 설법을 들은 그가 결집의 책임자가 되는 것이 당연했지만 아직 깨닫지 못했기 때문에 책임자가 될 수 없다는 것이었다. 이에 아난다는 결집이 열리기 전날 용맹정진하여 깨달음을 이루고 이튿날 마하캇사파와 함께 결집의 책임자가 되었다. 경전 첫머리에 등장하는 '나는 이렇게 들었다(如是我聞)'의 나가 바로 아난다 존자다.

아난다 존자는 120살까지 살다가 마가다와 베살리의 국경을 이루는 갠지스 강 가운데서 몸을 태워 입적했고, 평소 사이가 나빴던 두 나라는 사이가 좋아졌으며 부처님의 법이 널리 전해졌다고 한다.

제 3장

시대와 더불어 호흡하는 불교

1. 세계 불교의 역사
2. 불교의 성자들
3. 불교의 4대성지
4. 세계 불교의 현황
5. 불교의 상징

제3장

●

시대와 더불어 호흡하는 불교

1. 세계 불교의 역사

불교는 2600여 년 전 인도에서 발흥한 이래 현재에 이르기까지 다양한 모습으로 전승되어 왔다. 원시불교, 부파불교, 소승 및 대승불교 등으로 전개되어 온 불교는 아시아 여러 나라로 전파되는 과정에서 그 지역의 풍토, 문화와 접촉하면서 다양하게 발전해 왔고 경전도 새롭게 편찬돼 왔다. 뿐만 아니라 교리나 의식도 각 지역에 따라 판이하게 변모를 거듭하여 '이것이 불교다'라고 한마디로 정리할 수 없을 정도다. 이것이 다른 종교에서 찾아볼 수 없는 불교만의 특징이기도 하다.

인도의 불교

인도는 불교가 탄생한 땅이다. 널리 알려진 대로 불교는 B.C. 5세기경 인도의 변방(현재 네팔령) 카필라밧투의 왕자로 태어난 고타마 싯닷타가 깨달음을 얻어 중생들을 위해 설법을 함으로써 시작된 종교다. 당시 인도에는 갖가지 종교와 사상이 풍미하고 있었는데 크게 세 가지 사고방식이 지배적이었다. 첫째는 세계는 신에 의해 창조되었고, 따라서 인간의 모든 행·불행은 전지전능한 신의 의지에 의해 좌우된다는 존우화작인론(尊祐化作因論)이었다. 이 세계관에 따르면 인간은 오직 초월적 절대신에게 빌고 제사함으로써 안락한 삶을 영위할 수 있다. 둘째는 현재의 존재 모습은 과거의 한 원인에 의해 숙명적으로 정해진 것이며, 미래 또한 이미 정해져 있다는 숙작인론(宿作因論)이다. 모든 것은 결정되어 있으므로 현실을 그대로 받아들이며 사는 것 외에 다른 길이 없다는 주장이다. 셋째는 이 세상 온갖 만유는 우연히 그렇게 된 것일 뿐 아무런 원인도 조건도 없다는 무인무연론(無因無緣論)이다. 이러한 사고의 논리적 귀결은 그때그때 쾌락을 즐기면 그것으로 족하다는 도덕 부정론이다.

불교는 이러한 재래종교의 세계관을 거부하고 세계종교사의 새로운 지평을 열었다. 부처님은 모든 존재는 연기(緣起)의 법리(法理)에 의해 움직임을 깨달은 것이다. 연기란 '말미암아 일어난다'는 뜻으로 모든 현상은 반드시 그 현상이 일어날 조건이 있으므로 발생하고 조건이 제거되면 그 현상 또한 소멸한다는 것이다. 요컨대 인간의 힘으로 어찌할 수 없는 고정불변의 독립된 실체가 있는 것이 아니므로 인간의 자주적 노력에 의해 삶을 향상시킬 수 있으며 진실된 행복(涅槃)을 성취할 수 있다는 것이다.

불교는 이렇듯 근거 없는 신의 세계창조론, 인간의 의지를 부정하는 숙명론, 삶의 향상을 포기하는 찰나적 쾌락론 등을 거부하고 합리적 이성에 근거함으로써 당시 신흥세력으로 등장한 상인 계층의 전폭적인 지지를 얻었다. 교세는 급속하게 확장되어 출가 수행자는 수천 명이 넘었고, 재가신도는 왕에서 천민에 이르기까지 다

인도 최대의 수도원이었던 나란다 대학 터

양했다.

부처님이 입멸한 지 얼마 안 되어 마하캇사파를 중심으로 칠엽굴에서 경전을 결집한 후 3회에 걸쳐 불전이 결집되었다. 그 과정에서 교단은 상좌부와 대중부로 분열되었다. 상좌부와 대중부 내에서 다시 분열이 일어나 기원전후까지 18~20개 부파가 발생했다. 시간이 흐름에 따라 부파불교는 지나치게 전문화·번쇄화되었으며 이에 대한 반발로 큐산왕조에 이르러 대승불교가 흥기했다. 대승불교는 굽타왕조기(4~6세기)에 크게 번성하였다.

475년 서로마제국의 멸망으로 인도와 서방 지역과의 무역이 끊기면서 불교의 주요 지지기반이었던 상인 계층이 몰락하였다. 이로 인해 힌두이즘이 재흥하고 불교는 그 영향으로 비밀적·주술적 색채를 강하게 띤 밀교로 변질되었다. 힌두교에 동화된 밀교의 형

태로 명맥을 유지하던 불교는 급기야 10~12세기에 인도를 침입
한 이슬람교의 대대적인 탄압으로 자취를 감추고 말았다.

　인도에서 불교가 다시 모습을 드러내게 된 것은 19세기 말, 스
리랑카 출신의 아나가라카 다르마팔라(1864~1933)가 시작한 대
각회(大覺會, Mahābodhi Society) 운동에 의해서였다. 대각회는 불
적(佛跡)을 복원하는가 하면 경전을 번역 출판함으로써 인도 지식
층의 불교에 관한 관심을 높이는 데 크게 공헌하였다. 그 후 1950
년대에 들어서는 빌라오람지 암베드카(1891~1955)가 중심이 되
어 신불교(新佛敎) 운동을 제창하였다. 암베드카는 불가촉천민(不
可觸賤民) 출신으로 구미에 유학한 후 귀국하여 법무장관에 오른
입지전적인 인물로 인도의 고질적인 계급 철폐를 위해 헌신하였
다. 불교의 평등 사상에서 인간 해방의 빛을 발견한 그는 1955년
인도불교협회를 창설하고 천민들을 계몽하여 불교로 개종토록 했
다. 1956년에는 그 성과가 나타나 수십만 명이 집단적으로 개종하
기도 했다.

　이러한 선각자들의 노력에도 불구하고 아직 인도의 불교세는 미
약하다. 뿌리 깊은 계급적 인습과 편견 때문이다. 그러나 부처님
의 발자취를 찾는 세계 각국 불교도의 성지순례의 발길이 끊이지
않고 있으며, 불교에 대한 관심 또한 증가하고 있어 인도에서의
불교 재흥은 희망적이다.

스리랑카의 불교

　'동양의 진주' '보석의 섬' 으로 불리는 스리랑카는 상좌부 불교
의 전통을 가장 충실하게 계승하고 있는 나라다. 스리랑카에 불교
가 전래된 것은 B.C. 265년이다. 인도 아쇼카 왕이 왕자 마힌다
장로를 파견하고 국왕 데바냥피야 티사가 불교를 적극적으로 수용

한 후 스리랑카는 온 백성이 불교를 숭상하는 나라가 되었다. 불교가 전래된 지 백 년쯤 뒤 스리랑카는 세계불교사에 유례없는 성전(聖戰)을 경험한다. 이 성전은 남인도 타밀 인이 침입하여 불교도들인 싱할라 인을 지배하려 하자 불교를 수호하기 위해서 일으킨 것이다. 독실한 불교도였던 두타가마니 왕(B.C. 161~137 재위)에 의해 전쟁이 종식된 후 불교는 더욱 뿌리를 깊게 내렸다.

이후 스리랑카 불교는 대사파(大寺派)·무외산사파(無畏山寺派)·분소의파(糞掃衣派)·법설파(法說派)와 3세기에 들어온 대승불교의 방광부(方廣部) 등으로 분파되었으며, 왕이 바뀜에 따라 각 교파가 부침을 거듭하면서 왕실 주도형으로 발전하였다. 7세기에는 밀교가 들어와 8~9세기까지 성행하기도 했다.

그러나 9세기 중엽부터 남인도의 침입으로 불교는 또 한 차례 어려움을 겪었다. 거듭되는 전란과 박해로 인해 의식을 행할 비구가 모이지 못할 정도였다. 이런 어려운 상황에서도 국왕 비자야 바후 1세(1055~1100 재위)는 미얀마 승단에 비구 파견과 성전(聖典)을 요청하여 상좌부의 법통을 다시 계승했다. 이후 수차례의 우여곡절을 거친 후 파락카마 바후 1세(1157~1186 재위)의 교단 개혁에 의해 스리랑카 불교는 현대로 이어지는 남방 상좌부의 기초를 확립했다. 11세기에 미얀마, 13세기에 태국, 14세기에는 캄보디아로 각각 불교를 전파했다. 16세기 이후 포르투갈의 침공을 받아 불교는 배척을 당했고, 이어 미들란드가 지배하면서(1655~1799) 승단의 법통이 끊어지는 수난을 겪었으나 스리랑카 불교는 다시 일어섰다. 17세기 초에는 미얀마에서, 17세기 후반에는 태국으로부터 다시 법을 전해받아 승단을 복구한 것이다. 현재는 태국에 의해 부활된 씨암파가 가장 우세한 승단이다.

미얀마의 불교

황금사원의 나라 미얀마에서 불교는 전통적으로 국교의 위치를 누려 왔다. 역대 왕들은 불교를 적극적으로 후원하였다. 웅장하고 화려하기로 유명한 셰다곤탑이나 만달레이탑도 모두 왕들의 후원으로 건립된 것이다. 미얀마에서 불교는 국민들의 일상생활에 깊숙이 녹아 있다. 국민들의 교육도 대부분 사원에서 담당하여 8~9세의 어린이는 지방사찰이 운영하는 학교에서 기초교육을 받도록 되어 있다. 전체 인구의 85%가 불교도이며 승려와 사미승의 수는 8~12만 명으로 추산되고 있다.

미얀마에 불교가 공식적으로 개교된 것은 11세기경 파간 왕조를 세운 아누라타 왕(1044~1077 재위) 때이다. 그러나 역사가들은 전에 이미 부파불교와 대승불교, 밀교, 힌두교가 들어와 있었던 흔적을 발견해 내고 있다. 아누라타 왕은 갖가지 종교가 혼합되어 있던 미얀마에 스리랑카에서 전승해 온 상좌부 불교를 확립하여 오늘날의 미얀마 불교의 기초를 마련했다.

미얀마 불교가 최초로 시련을 겪은 것은 1826~1848년까지 22년간의 영국의 식민통치 기간이었다. 젊은 퐁기(Pongi, 스님들을 지칭하는 말)들은 반식민 투쟁에 앞장섰다. 1908년에 청년불교도협회가 창설되었고, 일반불교도협회가 1911년 조직되어 반영(反英)운동의 중요한 역할을 담당했다. 다양한 부족과 계층을 통합, 민족의 정체성을 이끌어 낸 것도 불교였다.

미얀마는 식민지에서 독립하면서 민족주의의 지도자로 추대된 우누 수상의 영도 아래 1949년과 1951년에 사찰법을 제정했다. 또 1만 명을 수용할 수 있는 동굴강당과 불교대학·세계평화사원 등을 건립했다. 태국·스리랑카와 WFB를 창설하고 1954년 12월 제3차 세계불교도 대회를 지원했다. 1961년 불교가 헌법상 국교로 공

식 채택됐으나 소수 종교의 반발로 정국이 혼미에 빠지자 네윈이
쿠데타를 일으켜 헌법을 정지시켰다. 불교도인 네윈은 정교(政教)
분리를 위해 1964년 4월 반정부적 승려 92명을 체포하기도 했다.
현재 미얀마의 종단은 3개 종파로 구성되어 있다.

태국의 불교

태국의 불교 역사는 불사리가 봉안되어 있다는 불멸(佛滅) 후 8
년에 착공되었다는 다트 파놈 사원의 전설을 고려하면 2500여 년
전으로 거슬러 올라간다. 그러나 태국에 상좌부 불교의 전통이 확
립된 것은 14세기 아유타야 왕조 때이다. 시리 슈리아밤사 라마
왕이 1361년 스리랑카에서 불교를 받아들인 것이 공식적인 불교
전래의 기록이다. 그 후 1750년에는 승단의 맥이 끊긴 스리랑카에
불교를 역전파했다.

현재 불교가 국교인 태국은 전인구의 93%가 불교도다. 태국의
불교는 민중의 생활에 깊이 스며들어 사원이 기초 교육기관, 병원
등의 역할을 할 정도로 사회생활의 중심이 되고 있다.

티벳의 불교

티벳이 불교를 처음 접한 것은 7세기 초 손첸감뽀 왕(581～649)
때다. 통일국가를 이룩한 손첸감뽀 왕은 중국을 침공하여 문성공
주(文成公主)를 아내로 맞아들이고 네팔로도 진격하여 앙슈바라만
왕녀와도 결혼하였는데 이때 불교가 전래되었다.

손첸감뽀 왕은 톤미삼포타를 인도에 파견하여 불교와 인도문화
를 배우게 하는 한편 티벳 문화와 문법책을 짓게 하기도 하였다.
그 후 티두송 왕(676～704)을 거쳐 티데쯔쿠첸(703～754) 시대에
이르러 당나라의 금성공주가 와서 불교를 크게 융성시켰다.

티벳에서는 8세기 후반 치데송첸 왕 시대에 인도계 불교인 점오
설(漸悟說)과 중국계 선종의 돈오설(頓悟說)의 대립이 심했다.
760년경 인도에서 온 학승 샨타라크시타, 파드마삼바바에 의해 인
도불교가 성행하게 되고, 이어서 온 카밀라쉴라에 의해 중국계 불
교는 탄압을 받게 되었다. 이 시기에 최초로 티벳 인의 출가가 이
루어졌다.

티벳에는 원래 신령을 숭배하는 샤먼적 토속신앙이 있었는데 파
드마삼바바가 들여온 밀교와 혼용되면서 라마교라는 독특한 불교
가 만들어졌다. 파드마삼바바로부터 비롯된 티벳의 초기불교를
'닝마파'라 한다.

9세기 전반에 치데송첸과 그의 아들 르파찬은 불교 용어를 통일

경전을 읽고 있는
티벳 승려

하고 사전도 편찬했으며 많은 경전을 번역하여 불교 발전의 발판을 마련했다. 11세기에 들어서는 불교개혁을 위해 초청된 아티샤에 의해 카담파가 성립된 데 이어 사카파·카큐파가 열려 티벳불교는 초기의 닝마파와 함께 4개의 종파로 분립하게 되었다.

13세기 중엽 중국 원조(元朝)의 과도한 티벳불교 숭배는 티벳불교의 타락을 더욱 부채질했다. 이에 14세기 후반에 쫑카파가 등장하여 불교 개혁의 깃발을 높이 들었다. 그는 라마승의 독신 생활과 엄정한 계율 준수를 주창했다. 그를 따르는 사람들은 황색모자를 써서 흑색모자를 쓰는 본교(Bon po)와 구별했다. 이들을 황모파(黃帽派)라 하며 승정(僧正)을 달라이라마라 하는데, 최근에 이르기까지 이 전통이 계승되어 달라이라마 14세는 1989년 노벨평화상을 수상하기도 했다.

티벳불교의 최대 자랑은 티벳대장경이다. 14세기 초 나르탕사에서 개판된 후 10종 가량의 판본이 전해지고 있다. 밀교부의 방대한 문헌은 티벳대장경에만 보이는 특징이다.

중국의 불교

중국에 불교가 전래된 시기에 관해서는 여러 학설이 있으나, 후한 영평 10년(A.D. 67) 대월지국으로부터 가섭마등(迦葉馬騰)과 축법란(竺法蘭)에 의해 처음 전해졌다고 하는 것이 정설이다.

중국불교의 역사는 크게 다섯 시기로 구분된다. 전한에서 동진 초에 이르는 제1기 전역(傳譯) 시대에는 많은 역경승들에 의해 경전이 전래되고 번역되었다. 불교가 뿌리를 내리고 비약적인 발전을 이룩한 것은 제2기 연구 시대다. 이 시기에 교학 연구가 매우 활발했고, 일반에게도 신앙으로 받아들여지기 시작했다. 제3기 수·당대의 건설 시대에 이르면 중국불교는 교학의 황금시대를 이룬

다. 이 시기에는 교상판석(敎相判釋)을 기초로 하여 종파(宗派)불교가 성립되었다. 종파불교 가운데 특히 주목할 만한 것은 선종(禪宗)이다. '불립문자 교외별전(不立文字 敎外別傳) 직지인심 견성성불(直指人心 見性成佛)'을 기치로 내건 선불교야말로 가장 중국적인 불교로서 인류 종교사의 금자탑이라 할 만하다. 제4기 계승 시대인 송·원대에 들어서 불교는 점차 활력을 잃어갔다. 송대에는 불교의 이론 체계를 이용하여 재무장한 신유학(新儒學) 즉 성리학에 의해 오히려 '공리공담의 학'이라는 공격을 받았다. 불교는 이에 대해 유불도(儒佛道) 3교의 융합을 강조했지만, 이는 수세적인 방어에 불과했다. 원대에는 지나친 라마교 숭상으로 인해 불교가 어용화되는 분수령이 되었고, 명·청대에 이르러 불교는 쇠퇴기에 접어든다. 제5기 청조 말기의 불교는 거사들에 의해 주도되었다. 당시 유명한 재가거사로는 팽소승(膨紹升)·양문회(楊文會) 등이 있다.

불교가 극심한 타락의 양상을 보이자 사찰 재산을 몰수하여 학교교육에 충당하자는 묘산흥학(廟山興學) 운동이 일어났다. 이에 1912년에 경안(敬安)이 상해에서 중국불교총회를 조직하고 임시정부에 사찰 재산을 보호해 줄 것을 요청했으나 거절당하자 분사했다. 경안의 뒤를 이은 태허(太盧)는 민국 13년 중국불교연합회를 새로 발족하고, 같은 해 7월 여산에서 세계불교연합회를 개최하는 한편 무창불학원을 개설하여 청년 승려들을 교육했다.

1949년 공산정권을 수립한 중국은 종교활동을 공인했다. 1953년 조박초 등을 중심으로 중국불교협회가 설립되었고 파괴된 사원이 복구되기도 했으나, 1966년 문화대혁명으로 70년대 중반까지 대대적인 박해를 받았다. 그 후 1978년 이후로 관광 목적이긴 하지만 사찰을 재건하고 강제 환속시킨 승려에게 다시 승려증을 발급하고 있다. 현재 중국에는 북경에 중국불교협회가 있으며 기관지 〈법음(法音)〉을 발간하고 있다.

대만의 불교

대만에 불교가 전해진 것은 명(明)의 유신 정성공(鄭成功)이 청(淸)에 항거할 근거지 마련을 위해 1661년 대륙에서 건너와 당시 대만을 지배하고 있던 네덜란드 인들을 축출한 것이 계기가 된다. 대만 최초의 사찰은 1662년에 창건된 대남시의 죽계사(竹溪寺)다. 1683년 청나라에 복속된 후 대만 각지에 102개의 불교사원이 건립되었는데, 이 중 55개의 사찰은 관음사라고 이름된 절이다.

청대의 대만에는 재가거사들의 재교(齋敎)가 크게 번성했다. 선가(禪家)에서 기원한 재교는 순수한 정진(精進) 요리를 먹고 음주와 도박을 금하는 등 계율을 철저히 지켰다.

대만은 1895년 청일전쟁이 종결된 후 1945년까지 50년간 일본의 지배를 받게 된다. 일제의 식민지배 시기에 일본불교의 대처육식(帶妻肉食)의 풍습의 영향으로 한때 승려가 결혼을 하기도 했으나 대만 불교도들은 항일혁명운동에 참여, 식민 불교에 대항했다. 그러나 재교는 일제의 앞잡이 노릇을 하기도 했다.

1949년 중국에 공산정권이 수립되자 국민정부는 대만으로 천도했고 장가(章嘉) 대사 등 대륙의 저명한 불교 인사들도 대만으로 건너와 대만불교는 새로운 전기를 맞게 되었다. 1950년 중국불교회가 대만에서 재건되었으며 1953년부터 계단을 개설, 매년 엄정한 계율을 수계함으로써 대처육식의 폐습도 사라지게 되었다.

대만에서 불교는 주도적인 종교의 지위를 갖고 있다. 대만에서 불교가 빠른 속도로 자리를 잡은 것은 불교계의 활발한 사회봉사 활동과 승려의 높은 자질 때문이다. 중국불교회의 산하 지회와 단체에서는 사회교육기관 및 의료복지시설을 운영하고 있다.

일본의 불교

일본에 불교가 처음 전래된 것은 흠명(欽明)천왕 13년(552)이라고 하나 그 이전에 백제에서 건너온 사람들에 의해 이미 불교가 신앙된 것으로 보인다.

일본에 불교가 정착하는 데 크게 기여한 인물은 성덕(聖德) 태자(574~622)다. 그는 고구려의 혜자(惠慈)와 백제의 혜총(惠聰) 스님의 가르침을 받았다. 불교가 국가의 보호 아래 번영하던 나라(奈良) 시대(710~784)에는 교학의 수입 경로에 따라 삼론(三論)·성실(成實)·법상(法相)·화엄(華嚴)·율종(律宗) 등 6종의 학파가 성행했다. 헤이안(平安) 시대(782~1185)에는 천태와 밀교가 수입되어 일본 종파불교의 원형이 되었다.

교토 용안사(龍安寺)의 석정(石庭)

헤이안 중기에 법연이 정토종을, 법연의 제자 친란이 정토진종을 개창하면서 귀족불교는 민중불교로 전환하기 시작하여 가마쿠라(鎌倉) 시대에 더욱 확대되었다. 중국에서 임제·조동 계통의 선이 들어와 일본 선종이 창종되었고, 일련이 법화종을 열었다.

무로마치(室町) 시대에 이르러 일본의 종파불교는 뿌리를 내렸다. 이 시대에 크게 번창한 정토진종은 혈연에 의해 상속되는 일본적인 형태의 불교로 정착하게 되었다.

에도(江戶) 시대(1598~1867)에는 막부가 주지를 임면하는 등 국가가 불교를 관리하게 되었다. 이로써 불교 교학이 발전하고 단가(檀家)제도가 확립되어 사찰의 재정은 풍족하게 되었으나 명치유신을 맞아 배불론자들에 의해 폐불훼석의 운명을 맞이한다. 불교계는 보신책으로 군국주의에 대한 충성을 맹세하는 황도(皇道)불교로 전락하기도 했고, 일부 양심적인 불교도는 신앙쇄신운동을 일으켰다. 일련종이 주도한 신흥불교청년동맹은 대표적인 예다.

일본불교의 교학 연구 수준과 그 성과는 오늘날 세계불교학계의 정상을 차지하고 있으며 교단이 세운 4년제 대학도 10여 개가 넘는다.

2. 불교의 성자들

아쇼카 왕(Aśoka, 阿育王)

아쇼카 왕은 B.C. 268(또는 270)~B.C. 232년까지 재위한 인도 역사상 가장 탁월한 군주로 꼽히는 인물이다. 아육왕은 음역이며 무우왕(無憂王)이라 의역한다. 마우리야 왕조의 제3대 왕으로 왕조를 개창한 찬드라굽타의 손자이며 빈두사라 왕의 아들이다.

아쇼카 왕은 찬드라굽타에 의해서 인도의 통일이 거의 완성된 후에 남은 동남쪽 해안의 칼링가 국을 평정했다. 그때 포로 15만, 전사 10만, 또 수십만 명에 달하는 무고한 사람들이 전쟁으로 죽었다고 한다. 그는 전쟁의 비참함과 죄없는 사람, 가축들이 살상당한 것에 대해 깊이 뉘우치고 불교에 귀의했다. 그 후 무력에 의한 정복을 중지하고 정법에 의한 정치를 이상으로 삼았다. 이것을 민중들에게 널리 알리기 위하여 국내 각지에 석주(石柱)를 세우고 국경 지방에는 암벽에 조칙을 새겼다.

아쇼카 왕의 석주

그는 단순히 불교에 귀의하는 데 그치지 않고 다른 사람들에게
도 권장했다. 각지에 정법대관(正法大官)을 파견해 불교를 널리
알리는 한편 자신의 아들 마힌다를 스리랑카에 보내 불교를 전파
하기도 했다. 그는 불교사상에 입각하여 무익한 살생을 금하고 길
을 왕래하는 사람들과 가축들을 위해 나무를 심고 우물을 팠으며
적당한 휴식처를 만들었다. 뿐만 아니라 널리 약초를 보급하여 인
명과 가축의 병을 고치는 등 복지에도 각별히 힘을 쏟았다.

아쇼카 왕은 불교의 많은 사원을 건립하고 부처님의 유적지를
순례하며 기념탑과 석주 등을 세운 열렬한 불교신자였지만 다른
종교도 관대하게 보호했다.

아슈바고샤(Aśvaghoṣa, 馬鳴)

1~2세기경 인물인 아슈바고샤는 《마명보살전》 등 중국 자료에
의하면 중인도 마가다 지방의 바라문 가정에서 태어났다. 대단한
웅변가였던 그는 불교에 귀의하기 전에는 불교의 승려들과 논쟁해
서 가는 곳마다 그들을 격파하면서 불교를 비방했다고 한다. 자만
심에 빠져 있던 그는 캐시미르에서 온 파르슈바 존자(Pārśva, 脇尊
者)와 논쟁해서 패배하고 약속에 따라 그의 제자가 되어 출가했
다. 탁월한 문장가이기도 했던 그는 불교에 귀의해 불교 시인으로
탈바꿈하여 오로지 불교 포교에 힘썼다.

부처님의 생애를 찬탄한 《불소행찬(佛所行讚, Buddhacarita)》은
불교문학의 걸작일 뿐만 아니라 산스크리트 어 궁정 서사시의 선
구적인 작품으로도 명성이 높다.

저서로는 《불소행찬》 외에 《단정한 난다》《세속보리심수습교계
서》《승의보리심수습차제서》《금강침론》 등이 있다. 《대승기신
론》도 그의 저작이라고 하나 훨씬 후대의 작품이다.

138

나가르주나(Nāgārjuna, 龍樹)

제2의 부처님, 8종의 조사(祖師)라 불리는 나가르주나는 대승불교 사상의 기반을 확립한 인물로 그 이후의 불교는 대부분 그의 영향하에 있다고 해도 지나치지 않다.

《용수보살전》에 의하면 그는 150~250년경 생존했던 인물로 남인도 출신이며 어려서 4베다·천문·지리 등 모든 학문에 달통했다. 그러나 젊었을 때는 방탕하기도 하여 세 명의 친구들과 은신술을 배워 왕궁으로 들어가 미녀들을 농락하곤 했다. 결국은 발각되어 친구는 죽임을 당하고 자신만 간신히 목숨을 건진 후 애욕은 고통의 근원이며 화의 뿌리라는 것을 깨닫고 출가를 결심했다고 한다.

출가해서 90일 만에 소승 삼장을 배우고 다른 경전들도 모두 배워 마쳤다. 그러나 여기에 만족하지 못한 그는 히말라야의 불탑에서 한 노비구로부터 대승경전을 공부했다. 그 뒤 여러 나라를 편력하며 불교 및 외도의 논사들과 대론(對論)하여 차례로 격파했다. 또 바닷속의 용궁에 들어가 대승경전을 얻고 90일 만에 그 본질을 체득했다고도 한다.

그는 불후의 명저인 《중론》에서 불교의 근본사상을 연기(緣起)로 보고, 이 연기를 통해 일체의 존재는 스스로의 성품이 없으므로 독립된 실체는 없다고 역설했다.

저서로는 《중론》 외에, 중관사상의 요점을 모은 《육십송여리론》, 논리학파들의 논란을 깨고 공사상을 밝힌 《회쟁론》, 논리학파의 과실을 서술한 《광파론》, 왕의 도덕규범을 설한 《보행왕정론》과 《용수보살권계왕송》, 보살의 수행방법을 설한 《십주비바사론》 등이 있다.

아상가(Asṇga, 無着)

유식(唯識)불교의 대성자인 아상가는 310~390년에 생존했던 인물이다. 《바수반두법사전》에 의하면 3형제가 있었는데, 첫째가 아상가이고, 둘째가 바수반두(世親)이다. 처음에는 소승 설일체유부(說一切有部)에 출가해서 소승의 공관을 수행했지만 만족하지 못하고 신통력으로 도솔천에 올라가 미륵에게서 대승의 공관을 배우고 지상으로 돌아와 공을 닦아 익혔다고 한다. 일광삼매(日光三昧)를 배워 대승의 교의를 모두 이해하고 많은 주석서를 지은 아상가는 만년에는 소승불교에 빠져 있던 아우 바수반두를 대승으로 인도했다고 한다. 티벳 전승에서도 그가 도솔천에서 미륵으로부터 가르침을 받았다는 사실을 인정하고 있다.

그는 무상유식(無相唯識)의 시조로 알려져 있다. 주저인 《섭대승론》은 《해심밀경》과 《대승아비달마경》 등에 기초해서 유식의 교리로 대승의 체계를 세운 것이다. 이 책은 첫 3장에서 아뢰야식·삼성(三性)·유식관을 정의하고, 다음 5장에서는 수행 실천으로서 육바라밀·십지(十地)·계율·선정·지혜를 서술하고 있으며, 마지막 2장에서는 무주소열반(無住所涅槃), 불(佛)의 삼신(三身)에 대해서 설하고 있다. 이 책의 원전은 없지만 한역으로 진제역(眞諦譯), 현장역(玄奘譯) 등 4종의 번역이 있으며 티벳역도 존재한다.

밀라래파(Milaraspa, 1040~1123)

티벳 카규파의 시조인 마르파(Marpa, 1012~1109)의 제자다. 티벳불교의 역사에서 가장 널리 알려진 인물이다.

밀라래파는 '무명 옷을 입은 밀라'라는 뜻으로 그는 네팔 국경 근처의 서티벳 궁탕(Guṅthaṅ) 지방에서 태어났다. 그의 아버지는

140

일찍이 장사를 해서 큰 돈을 모은 부자였으나 밀라래파가 7살 때 죽었다. 그의 백부는 재산을 빼앗기 위해 그의 어머니에게 자신과 결혼하도록 강요했다. 그의 어머니가 불응하자 백부는 밀라래파의 어머니를 속이고 재산을 약탈했다. 복수심에 불탄 그의 어머니는 끝내 밀라래파에게 흑주술(黑呪術)을 배워 오게 해서 원수를 갚게 했다. 결국 밀라래파의 저주로 백부의 아들·며느리·친구 등이 죽었다.

밀라래파는 그것이 잘못된 일임을 크게 뉘우치고 그의 죄를 씻기 위해 출가했다. 그는 롱지방의 닝마파의 승려에게 구승(九乘)의 가르침과 그 최상의 무상유가밀(無相瑜伽密)인 대원만법(大圓滿法)을 전수받았으나 만족을 얻을 수가 없었다. 마침내 38세 때 마르파를 만났다. 마르파는 밀라래파에게 6년 동안 탑을 쌓는 일을 시켰다. 마르파는 밀라래파가 탑을 다 쌓으면 허물어 버리고 또 쌓으면 허물어 버렸다. 이런 일이 6년간이나 반복되었으나 밀라래파는 오로지 죄업을 소멸하는 일념으로 견뎌냈다. 어려운 관문을 통과하자 마르파는 그에게 하타요가의 전통을 수용한 호흡, 차크라(Cakra) 등에 관한 기공(氣功) 등 수신법(修身法)을 전수해 주었다.

스승으로부터 공부를 마친 밀라래파는 고향으로 돌아와서 남쪽 지방의 동굴에서 풀만 먹으며 연명하면서 9년 만에 최상의 깨달음을 얻었다. 그 마하무드라의 경지를 읊은 것이 《십만가요(十萬歌謠)》이다. 그는 온갖 신통력을 갖춘 티벳 최고의 성자로 추앙받았다. 남녀노소, 빈부귀천을 떠나 많은 사람들을 교화했다.

도안(道安, 312~385)

중국 동진·전진시대에 초기 중국불교 발전의 기반을 마련한 고승이다. 어려서 부모를 여의고 12세에 출가했다. 총명했으나 너무 못생겨 스승에게 주목받지 못한 채 논밭에서 3년간 일만 했다. 그러던 어느 날 밭일하던 여가에 《변의경(辯意經)》을, 그 다음에 《성구광명경(性具光明經)》을 배운 뒤 곧 외워서 스승을 놀라게 했다. 20세에 구족계를 받았고 유학이 허락되어 업성의 중사(中寺)에서 불도징(佛道澄)의 제자가 되었다. 곧 그의 뛰어난 자질이 인정되어 불도징(佛道澄)으로부터 선법(禪法) · 계율(戒律) · 교화법(敎化法)을 배웠다.

도안은 당시 인도 승려들의 역장에 참가하여 번역을 도왔다. 그는 특히 《반야경》 연구에 심혈을 기울여 《방광반야경》 등을 강의하였고, 여러 경전의 주석서나 서문을 쓴 것이 무려 22부에 이르렀다. 또 하나의 그의 공헌은 《종리중경목록(綜理衆經目錄)》을 저술하여 그 동안 불명확했던 역자 · 번역 연도 · 경전의 진위(眞僞) 여부 등을 밝힌 것이다. 《종리중경목록》은 산실되었지만 양나라 승우(僧祐)의 《출삼장기집(出三藏記集)》을 통해 원형을 거의 복원할 수 있다. 도안은 경전의 번역과 정리뿐만 아니라 종래의 잡다한 중국 승단의 의례를 통일하기도 했으며, 출가자는 석가모니 부처님의 가르침을 따르는 자이므로 석(釋)씨로 성을 삼아야 한다고 하며 스스로를 석도안이라 불렀다.

법현(法顯, 335?~421?)

세 명의 형이 모두 어려서 죽자 법현에게도 그와 같은 일이 일어날 것을 두려워한 부친이 3세 때 출가시켰다. 부모가 돌아가신 뒤 스스로 정식 승려가 되었다.

율(律)에 대한 전적(典籍)이 불완전한 것을 안타깝게 여긴 그는 60세 무렵(399) 장안을 떠나 율의 원전을 구하러 인도로 갔다.

142

장안을 출발해서 돈황을 지나 천산북로를 따라 코탄에 도달하고 5년이 걸려서 중앙 인도에 도착한 뒤 쉬라바스티(舍衛城)의 기원정사를 방문했다. 이어 부처님의 탄생지인 카필라 성, 입멸의 땅인 쿠시나라를 거쳐 베살리·파탈리풋타·라자가하·부다가야·베나레스의 녹야원 등 부처님의 유적을 순례했다. 다시 파탈리풋타(마가다 국)에 머물면서 범어를 배우고 대중부와 설일체유부의 율을 비롯해 아비달마와 대승 계통의 《열반경》의 전적을 입수했다. 그 후 갠지스 강을 내려가 현재의 캘거타에 가까운 타무랄리푸티에 2년 동안 머물면서 경전을 서사(書寫)했다. 여기서 배로 실론(현재의 스리랑카)에 건너가 2년간(410~412) 머물면서 화지부(化地部)의 율 외에 장아함 및 잡아함부 경전 등도 입수했다. 그 뒤 귀로에 올라 건강(지금의 남경)에 도착했다. 그가 남긴 《법현전》은 당시의 인도와 중앙아시아의 사정을 아는 데 없어서는 안 될 중요한 문헌이다.

구마라집(鳩摩羅什, 344~413 또는 350~409)

구마라집은 현장 이전의 구역(舊譯) 시대를 대표하는 최대의 번역가다. 줄여 라집이라고도 하며 동수(童壽)라고 번역한다.

아버지는 인도인으로 쿠차에 와서 국왕의 고문이 되고 왕의 누이와 결혼해서 구마라집을 나았다. 7세 때 출가하여 9세 때에 어머니와 함께 간다라에 가서 반두달다에게서 소승을 배우고, 수리야소마로부터 대승을 배웠다. 천성적으로 총명했던 그는 그 밖에도 여러 스승들에게서 가르침을 받아 어릴 적부터 그 명성이 서역뿐만 아니라 중국에까지 알려져 있었다. 당시 전진의 부견은 도안에게서 라집의 명성을 전해 듣고 장군 여광을 보내 쿠차를 공격했고 라집은 붙잡혀 오게 되었다. 그러나 중도에 전진이 멸망하자 여광은 양주의 고장(姑藏)에서 후량이라는 나라를 세웠고(386) 라집도 15년 동안 그곳에 머물렀다.

후진의 제2대인 요흥은 후량을 토벌하여 라집을 장안으로 맞이했다(401). 그때 그의 나이 58세였다. 요흥은 그를 국사로 예우하여 서명각(西明閣)과 소요원(逍遙園)을 하사하고 나중에는 그를 위해 장안사(長安寺)를 건립하여 역경 도량으로 제공했다.

라집은 서역에 있을 때 이미 여러 외국어에 통달해 있었으며 오랜 방랑 동안 중국어까지 배워 역경을 하는 데 가장 적합한 인물이었다. 그가 장안에 왔다는 소문을 듣고 많은 인재들이 모여들어 이들이 번역 사업에 참가함으로써 훌륭한 번역을 하게 되었다. 그의 번역서는 오늘날까지도 많은 사람들이 애용하고 있다. 라집은 그때까지 번역된 경전들의 오류를 지적하고 교정함과 동시에 적확하고 세련된 역어를 구사하여 경전 번역의 수준을 획기적으로 높였다.

《승만경》《대품반야경》《유마경》《법화경》《사익범천소문경(思益梵天所問經)》《아미타경》등의 경전을 비롯해《중론》《십이문론》《대지도론》《성실론》등의 논서가 그에 의해 역출되었다.

달마(達摩, ?~528?)

전설적인 인물로 서천(西天) 제28조이며 중국 선종의 초조(初祖)로 추앙받는 인물이다. 달마에 대해서는 전설 같은 이설이 많아 확실한 행장을 알 수 없으나 그 중 가장 믿을 만한 자료에 의하면 다음과 같다.

그는 파사국 또는 향리국 국왕의 셋째 아들로 태어났다. 시호(諡號)는 원각(圓覺) 대사다. 대승에 뜻을 두고 명상을 했으며 외국에 포교하기 위해서 남중국에 왔다. 그 후 북쪽의 위나라로 가서 선(禪)을 전파했다. 특히 도육(道育)과 혜가(慧可)라는 두 사

달마도

람의 승려가 그를 받들면서 4, 5년에 걸쳐 가르침을 받았다. 그의
수행은 벽관(壁觀 ; 벽을 향해서 좌선하는 것)으로 마음이 본래부터
깨끗하다는 도리를 깨닫는 것이라고 한다. 여러 곳을 돌아다니면
서 교화했는데 그의 최후는 알려져 있지 않다. 이것이 가장 오래
된 기록의 전부다.

그가 숭산의 소림사에서 면벽하고 9년 동안 좌선했다는 일은 너
무나 잘 알려져 있다. 그러나 《벽암록》 제1칙에 등장하는 달마와
양무제와의 회견은 후대의 문헌에서야 비로소 등장하기 때문에 진
위 여부는 알 수 없다. 아무튼 후대의 선종에서는 달마를 초조로
숭상한다.

양무제(梁武帝, 502~549)

양나라 무제는 불심천자(佛心天子)로 불릴 정도로 불교에 심취

했던 인물이다. 그는 원래 옹주의 장관이었는데 제의 혼란을 틈타 남중국의 황제가 되었다. 그의 치세에 중국 남조 문화는 최극성기를 누렸다. 무제는 스스로 유학이나 문학의 학식을 깊이 연마한데다 불교에도 상당한 조예가 있어 스스로 강의와 저술을 할 정도였다고 한다.

실제로 무제는 사원에 가서 《반야경》《열반경》 등을 강의하고 《어주대품반야경(御注大品般若經)》을 저술했는데, 측근에 광택사의 법운(法雲)과 같은 《법화경》 학자가 있었다. 또 무제는 불살생의 계율을 철저히 지켜 시의(侍醫)가 동물을 죽여서 약을 만드는 것을 금했으며, 선조의 묘에 제사 지내는 일에도 살아 있는 동물을 죽여서 바치는 희생을 금하고, 대신 밀가루나 야채·과일 등을 사용하도록 했다. 우란분재를 공개적으로 거행하게 된 것도 이 무렵부터다.

현장(玄奘, 600~664)

중국 당나라 때의 대여행가·대번역가·삼장법사(三藏法師)이다. 집안이 가난해서 12세 무렵 낙양의 정토사에 들어갔고 그 뒤 각지를 유력(遊歷)하면서 공부하였다. 현장이 특히 몰두한 것은 《구사론》 등의 아비달마 논서와 《섭대승론(攝大乘論)》 등의 유식학파의 논서였다.

이들 논서에 대한 철저한 연구를 통해 학설이 동일하지 않음을 발견한 그는 원전 연구의 필요성을 절감했다. 학구열에 불타던 그는 인도로 가겠다고 정부에 요청했으나 허가되지 않자 29세(27세라고도 함) 때 몰래 유학의 길에 올랐다. 천산북로를 통해 고창을 지나 카라샤루·쿠차 등 당시 불교문화가 번영하고 있었던 도시국가를 따라 이동했다. 타쉬켄트·사마르칸트·아프가니스탄·간다라 등을 거쳐 4년 뒤에 마가다 국에 도착했다.

부처님의 유적을 참배한 후 당시 불교연구의 중심지인 나란다에 정착해서 본격적인 공부를 시작했다. 나란다에서 4년간 머무르는 동안 주로 계현(戒賢) 밑에서 유식학을 배우고 아울러 《구사론》 《대비바사론》 등과 같은 아비달마 및 인명(因明 ; 논리학)을 연구했다. 그 후 3년간 인도 각지를 여행하고 다시 나란다로 돌아왔다. 그 무렵 이미 인도에서 명성을 떨치고 있던 그는 여러 국가의 보호를 받아 645년 1월 장안으로 돌아왔다. 출국할 때는 몰래 빠져나갔으나 돌아올 때는 환영 인파가 몰려 걷기조차 힘들었다고 한다. 그가 가지고 온 불상과 불사리와 657부의 범본은 장안의 홍복사에 소장되었고, 그 해 3월 번역을 시작했다.

648년에는 장안에 대자은사(大慈恩寺)가 건립되었고 그의 번역사업을 위해 번경원(飜經院)이 설치되었다. 그 뒤 약 20년간 번역사업에 종사하여 《대반야경》 600권, 《유가사지론》 100권, 《대비바사론》 200권, 《구사론》 《성유식론》 《섭대승론》 등 76부 347권을 번역하였다. 그가 남긴 여행 견문기인 《대당서역기》는 당시 인도와 중앙아시아를 아는 귀중한 자료이며, 일반에게 잘 알려진 《서유기》는 이를 모본으로 한 것이다.

혜능(慧能, 638~713)

혜능은 선종의 제6조로 시호는 대감선사(大鑑禪師)다. 남해 신흥(南海 新興) 출신으로 일찍 아버지를 여의고 집안이 가난하여 홀어머니를 돌보기 위해 땔나무를 팔아 생활하고 있었다. 읍내에서 장작을 팔고 있는데, 《금강반야경》을 읽는 소리를 듣고 마음이 끌려 그 경을 누구에게 받았는지를 물었다. 홍인(弘忍) 선사로부터 얻었다는 이야기를 듣고 '목마른 사람이 시원한 물을 마시는 것과 같다.'라고 생각하였다. 어머니의 허락을 받아, 당나라 함형 연중에 소양으로 갔다가 무진장 비구니가 《열반경》을 읽는 것을 듣고 그 뜻을 설했다. 무진장 비구니가 혜능이 문자를 모르는 것을 이상히 여기자 '만약 문자를 취하면 부처님의 뜻에 맞지 않는다.'라고 대답했다고 한다.

뒤에 황매산 5조 홍인을 찾아가서 선(禪)의 깊은 뜻을 전해받았다. 처음 만났을 때에 홍인 선사와 혜능이 나눈 문답은 유명하다.

"어디에서 왔느냐?"

"영남에서 왔습니다."

"영남 사람은 불성(佛性)이 없느니라."

"사람은 남과 북의 구분이 있지마는 불성이 어찌 그러하겠습니까?"

후대 남종선 계통의 전설에 의하면 5조 홍인이 7백 대중 가운데서 법을 물려줄 사람을 찾기 위해 깨달음의 경계를 게송으로 나타내게 했는데, 혜능의 경지가 상수 제자였던 신수(神秀)보다 뛰어났기 때문에 홍인은 혜능에게 법과 의발을 전해주고 6조임을 인정했다고 한다.

그 뒤 남쪽으로 가서 인연이 무르익을 때까지 은신하고 살면서 남해의 인종(印宗) 법사의 회상에서 '바람이 움직이는가, 깃발이 움직이는가' 하는 논쟁에 '움직이는 것은 자신의 마음이다'라고 해서 대중들을 놀라게 하기도 했다. 그 뒤 법성사 지광(智光) 율사에게 구족계를 받고 정식 승려가 되었다. 혜능은 홍인이 입적한 후 보림사(寶林寺)로 옮겨 갔고 그 뒤 대범사에서 다시 조계(曹溪)로 들어갔는데 이곳이 선의 중심지가 되었다.

혜능은 신수의 추천으로 측천무후와 중종으로부터 초대받았으나 응하지 않았다. 그의 설법을 제자인 법해(法海)가 기록한 《육조단경(六祖壇經)》이 전해오고 있다.

3. 불교의 4대성지

룸비니

탄생의 땅 룸비니는 멀리 히말라야 봉우리가 바라다 보이는 네팔 남부 타라이 지방의 변두리에 있다. 어떤 기록을 봐도, 2600년의 역사를 통해서 오늘에 이르기까지 큰 도읍이라는 말이 사용된 적이 없는 지역이다.

사람들은 지금도 여전히 농경에 힘쓰고, 우물가나 강기슭에 모여서 한가롭게 이야기 꽃을 피우고 있다. 석가모니 부처님이 태어

마야 부인당 유적(왼쪽의 기둥이 아쇼카 왕의 석주)

난 곳은 이렇게 평화로운 농촌의 한 구석이었다.

룸비니의 유적지로는 유적지 중앙에 흰색으로 아담하게 단장한 마야 부인당이 있다. 사당 내부에는 침식으로 표정조차 확실치 않은 마야 부인이 시녀와 함께 나무 밑에 서 있는 상이 안치되어 있다. 마야 부인당 남쪽에는 석가모니 부처님의 탄생시에 마야 부인이 목욕을 했다고 전하는 네모난 연못이 있다. 그리고 그 남쪽으로는 승원 터가 묻혀 있다.

아쇼카 왕이 건립한 석주는 마야 부인당 서쪽에 있는데 현재의 높이는 약 7.2m이다. 석주의 일부에는 현장이 "악룡의 뇌성벽력으로 그 기둥은 중간 부분이 부러져서 땅에 떨어졌다."고 기록한 내용과 일치하는 낙뢰의 흔적과 균열이 있지만, 기단으로부터 약 3.3m 정도 되는 위치에 아쇼카 왕의 비문이 보인다. 마야 부인당 주변에는 벽돌로 만든 크고 작은 봉헌 스투파(stūpa)가 여기저기 산재해 있다.

부처님이 탄생한 땅 룸비니는 멀리는 아쇼카 왕 시대로부터 현대에 이르기까지 수많은 순례자들이 참배하고 있으며 지금도 꽃 공양이 끊이지 않는다.

보드가야(붓다가야)

석가모니 부처님이 고행을 한 장소에 대해서 팔리어 경전은 "마가다 국 우루벨라의 세나 마을 네란자라 강가"라고 기록하고 있다. 또한 "수림이 아름답고 무성하며 물도 맑아서 강바닥에 깔려 있는 모래를 볼 수 있을 정도다. 강기슭은 평탄하며 수량이 풍부해 물을 긷기 쉽고 푸른 풀이 일대를 뒤덮고 있다. 높은 강 언덕은 온갖 꽃과 나무들로 무성하다."고 묘사하고 있다.

석가모니 부처님이 고행을 한 땅 보드가야, 이곳은 인도여행 안내서에도 조상 공양을 위한 성지로 소개될 만큼 수행자와 조상 공양의 도시로 유명하다. 석가모니 부처님은 왜 이 땅을 택해서 고행에 들어간 것일까. 뜻을 함께 하는 많은 수도자들이 이곳에 있었기 때문이 아니였을까 추측만 할 뿐이다.

성도의 땅 보드가야는 비하르 주의 가야 시 남쪽 약 10km 지점에 있다. 성도의 땅 가운데에서도 가장 눈길을 끄는 지역은 대탑

대보리사의 전경

이 있는 곳이다. 이곳은 일찍부터 석가모니 부처님의 성도와 관련하여 '삼보디' '마하보디' 등으로 불려 왔다.

이 일대는 예전에는 모래에 묻혀 있었다고 한다. 계단을 내려가면 정비된 유적이 펼쳐지고 중앙에는 대탑, 서쪽에는 금강보좌와 보리수가 서로 인접해 있다. 대탑 북쪽에는 석가모니 부처님이 성도 직후 7일 동안 스스로 깨달은 진리(법)를 즐기면서 머물렀다는 전설의 장소가 있다. 그곳에는 높이와 폭이 각각 1m 정도 되는 콘크리트로 덮인 돌축대가 18m에 걸쳐 이어져 있고, 부처님이 한걸음 한걸음 내디딜 때마다 피었다고 하는 열여덟 개의 연꽃이 상징적으로 조각되어 있다.

대탑의 서쪽에 인접해 있는 보리수는 여러 세대를 걸친 나무이다. 중국의 현장은 돌을 쌓아올려 울타리를 친 성수를 참배하고 이 나무가 과거에 몇 번씩이나 이교도들에 의해서 베어지고 불에 탔다고 기록하고 있다. 지금 나무도 1876년 폭풍으로 쓰러진 고목의 뿌리에서 나온 싹이 자란 것이다.

성도의 땅에서 빼놓을 수 없는 것은 금강보좌다. 금강보좌는 다이아몬드처럼 견고한 좌석이라는 뜻으로 그 기초는 세계의 밑바닥에 이르고 있다고 전해지고 있다. 부처님이 정각을 이루던 순간, 대지가 진동했는데, 이 자리만은 조금도 흔들리지 않았다고 한다. 금강보좌의 표면은 기하학적 무늬로 덮여 있으며 측면에 비둘기·꽃·잎새·오리 등이 조각되어 있다.

녹야원

바라나시에서 석가모니 부처님의 최초 설법지인 사르나트로 가는 길을 조금만 더 가면 대보리회의 녹야원사 첨탑이 보이기 시작하는 지점의 왼쪽으로 영불탑이라 불리는 작은 언덕이 있다. 여기가 전승에 나오는 석존과 다섯 수행자가 재회한 장소다. 석가모니 부처님과 함께 고행을 하던 다섯 사람은 석가모니 부처님이 우유 죽을 마시는 것을 보고서, 고행을 포기한 사람과는 함께 수행할 수 없다며 우루벨라 마을을 떠나 이곳으로 와 있었다. 그들은 자신을 향해 다가오는 석가모니 부처님을 보고 냉담하게 대했지만 가르침을 듣고는 곧 최초의 제자가 되었다. 이곳이 바로 석가모니 부처님께서 최초로 설법을 한 녹야원이다.

초전법륜의 땅 사르나트는 바라나시 북동쪽 약 7km 되는 지점에 있다. 지명은 '사랑가 나타(사슴의 왕)'에서 유래한다. 이 지역은 경전에 '사슴 동산(녹야원)'이나 '선인이 사는 곳' 등으로 기록되어 있다.

현재 녹야원에는 아쇼카 왕의 석주와 다르마라지카 스투파의 유적과 무라간다 쿠티의 건물터 등이 남아 있다.

아쇼카 왕의 석주는 초기의 건축물을 대표하는 것으로 아쇼카 왕이 건립한 것이다. 2300여 년의 세월이 지났다고 느껴지지 않을 정도로 상태가 양호한 이 석주의 기둥 머리에는 서로 등을 맞대고 있는 네 마리의 사자상이 있다. 현재 사르나트 고고학 박물관에 보관되어 있으며 네 마리의 사자상은 인도의 국가 문장으로 쓰이고 있다.

석주 남쪽에는 아쇼카 왕에 의해서 건립된 것으로 추정되는 다르마라지카 스투파의 터가 있다. 오늘날 사르나트를 상징하는 거대한 다메크 스투파는 마우리야 시대에 창건된 것으로 추정되고 있다. 기벽의 직경이 약 28m, 밑바닥에서부터 높이는 약 43m이며 주위에는 여덟 개의 감실이 있고 그 하나하나에 불상이 봉안되어 있었으나 지금은 없다.

쿠시나라

경전에 석가모니 부처님은 쿠시나라의 근처 파바 마을에서 "붉은 피가 쏟아지고 죽음에 가까운 심한 통증이 일어났다."고 기록되어 있다. 병의 고통을 참고 견디면서 부처님은 아난다와 함께 쿠시나라에 이르러 사라나무 숲으로 들어갔다. 부처님은 "아난다여, 그대는 나를 위해 사라쌍수 사이에 머리를 북쪽으로 향할 수 있도록 자리를 깔라. 나는 피곤하다. 나는 자리에 누울 것이다."라고 하며, 오른쪽 옆구리를 아래로 두고 발을 포갠 자세를 취한 다음 선정에 들어간 채로 숨을 거두었다고 전하고 있다. 아난다와

열반당 전경

비구들에게 남긴 최후의 유훈은 "제행이 무상하니, 방일하지 말고 정진하라."는 것이었다. 최후의 자리 양옆에 있던 두 그루의 사라수는 이때부터 사라쌍수라 불리게 되었다.

쿠시나라의 유적은 고락푸루의 동쪽 전원 안에 남아 있는 사라수의 원시림을 빠져나가, 50km 남짓되는 카시야 마을에 흩어져 있다. 5세기 초에 하리바바라는 신자가 기증한 전장 6m가 넘는 거대한 열반상을 모신 열반당의 뒤쪽 스투파에서 이 땅이 니르바나 차이티아라는 취지의 각문이 새겨진 동판이 발견되었고, 수대를 걸친 한 쌍의 사리수가 타원형의 잎을 달고 있다. 열반당의 약 1.5km 되는 지점에는 부처님의 시신을 다비한 마쿠타 반다나 터로 추정되는 라마바르 총이 있다. 이 스투파를 둘러 흐르고 있는 작은 시내가 바로 석가모니 부처님이 마지막으로 목욕을 했다고 전하는 히라냐바티 강이라고 한다.

4. 세계 불교의 현황

불교의 분포

불교는 수천 년의 역사를 경과하면서 지역·시대·사회에 따라 여러 형태로 변화되었다. 경우에 따라서는 전혀 새로운 불교를 만들어 내기도 했다.

아시아에서 불교는 크게 남방불교권과 북방불교권으로 나눌 수 있다. 전통적 상좌부 불교인 남방불교는 현재 스리랑카·마얀마·태국·라오스 등 동남아시아 지역에서 신봉되고 있다. 이 계통은 초기불교의 순수한 전통을 충실히 지켜 왔다고 자부하고 있다. 서력 기원을 전후해 일어난 대승불교는 두 가지 형태로 존재하고 있다. 네팔·티벳·몽골 등에 퍼져 있는 라마교(密敎)와 중국·대만·한국·일본 등지에서 신봉되는 선과 정토가 혼합된 대승불교가 그것이다.

7세기경에 일어난 밀교는 티벳에 들어가 라마교라는 독특한 모습으로 변해 몽골에 전해졌고, 네팔에도 들어갔다. 1951년 티벳이 중국 자치구로 편입되면서 많은 라마승들은 네팔과 시킴으로 옮겨 가 밀교의 전통을 지켜 가고 있다.

중국·대만·한국·일본 등은 전통적인 대승불교를 신봉하고 있다. 대승불교는 무엇을 소의경전으로 하느냐에 따라 종파불교가 성립된 역사를 갖고 있다.

19세기 서구의 불교 수용은 순수한 학문적 관심에서였다. 불교를 역사적으로 이해하고 연구하는 시각을 열어 준 것은 서구의 불교학자들이라고 할 수 있다.

동서의 문화교류가 시작되자, 동양의 불교국들은 전도승을 파견했다. 미국에서는 동양계 이민자들과 전도승, 서구학자들에 의해 불교가 더 널리 전파되었다. 그러나 서구에서 불교는 아직 일반화되지는 못하고 있다. 하지만 유럽이나 미국 곳곳에 선원이 늘고 불교강좌가 성황을 이루는 것은 불교의 가능성을 말해 준다.

세계의 불교도

오늘날 전세계 불교도의 수는 산출 기준에 따라서 많은 차이가 있겠지만, 1989년도 영국 브리태니카 사전에 따르면 86개국에 311,836,170명으로 나타나 있다. 이 숫자는 세계 종교 인구의 6.1%에 해당한다. 그러나 비교적 불교의 영향이 크다고 볼 수 있는 나라의 잠재적 불교신도까지 계산한다면 그 수치는 9억 3천만 정도가 될 것으로 학자들은 추산한다. 그 나라들이란 스리랑카·미얀마·태국·캄보디아·라오스·베트남·네팔·시킴·인도·한국·몽골·중국·대만·일본 등이다.

과거 아시아에서 주도적인 세력을 형성했던 중국이 공산화되어 있어서 불교가 어느 정도 위치를 차지하고 있는지 확인이 어려운 실정이다. 그러나 중국도 공산정권의 승인을 받아 활동하는 전국적인 불교조직이 있다. 티벳을 포함한 중국에서 불교가 어느 정도 영향력을 행사하고 있는가 하는 문제를 확인할 방법이 없다는 것을 이유로 해서 중국을 제외한다면 불교도 수는 2억 3천만 정도 된다. 이 가운데 적어도 5천만 명은 남방불교의 신봉자들이며 1억 8천만 명은 북방불교의 신봉자들이다.

세계에서 가장 크고 보편적인 종교 중의 하나인 불교는 세계 각지로 전파되어 오늘에 이르기까지 인류에게 깊은 감화를 미쳐 왔다. 특히 아시아 여러 나라에서는 정신문화의 근간을 형성하고 있다고 할 수 있다. 그러나 각국의 불교도는 교단적 측면에서나 교리적 측면에서나 전체가 하나로 통일되어 있지 못하고 나라마다 서로 격리된 상태에서 존재하고 있다.

세계의 불교기구

불교계는 아직까지 세계를 통합하는 기구를 갖고 있지 않다. 불교계에 교황과 같은 존재가 없는 것은 근본적으로 교리에 근거한다. 불교의 가르침은 신과 같은 절대자를 상정하지 않고, 누구나 깨달음을 얻으면 부처님이 된다는 것이다.

불교가 세계적인 통합, 통일이 안 되는 이유에는 각국의 불교가 의지하는 경전이 다르다는 점도 빼놓을 수 없다. 사실 불경은 워낙 방대해 통일성전을 갖기가 어렵다.

그러나 사회가 발전하고 조직화되는 추세에 따라 세계적인 연합기구의 필요성이 제기되었고, 그래서 생긴 것이 세계불교도우의회(W.F.B : World Fellowship of Buddhist)이다. 스리랑카 콜롬보에서 말라레세케라 박사에 의해 창설된 세계불교도우의회는 출가 승려와 재가불자가 함께 참여해 우의를 다지고 공통의 관심사를 논의한다. 27개국 대표가 모여 창립대회를 가진 이래 꾸준히 장소를 바꿔 가며 회의를 열어왔다.

WFB가 결성된 이후 세계의 불교도들은 나라마다 다른 불기(佛紀)연대를 통일하는 작업을 하는 등 세계불교의 연합기구로서 주목할 만한 활동을 전개해 오고 했다. 현재 37개국이 가입돼 있다.

우리 나라는 56년 제4차 네팔대회 때부터 비공식 대표로 참석하다가 66년 태국에서 열린 제8차 대회 때 정식 회원국이 되었다. 북한은 1986년 제15차 네팔 카투만두 대회 때 가입했다.

또 다른 불교의 세계적 기구로는 세계승가회(W.B.S.C : World Buddhist Sangha Council)가 있다. 1966년 스리랑카 콜롬보에서 창설된 이 단체는 출가 승려만의 모임으로서 3년마다 대회를 갖고 있다. 베트남의 공산화 이후 한때 공백 기간을 갖다가 1981년 대만에서 3차 대회가 열려 재건됐다. 본부는 대만에 있다.

그 밖의 불교기구로는 유럽불교도 연맹(B.U.E : Buddhist Union Europe)이 있고, 몽골에 본부를 둔 아시아불교평화회의(A.B.P.C)가 있다. ABPC는 12개 공산 불교국가들로 구성되어 있다.

5. 불교의 상징

만(卍)자

卍자는 범어로 '슈리바트사(Śrīvatsa)라 하며 한자로는 '萬'이라고 표기한다. 그러나 이 말의 뜻은 다양하다. '슈리'는 행복·번역, '바트사'는 송아지란 뜻이기도 하고, 아리안 어가 범어화된 것으로 본래는 '행복한 나무'를 의미한다는 견해도 있다.

만자의 기원은 인도 전설에 나오는 비쉬누 신(神)의 가슴에 있는 선모(旋毛)로 알려져 있다. 태양을 숭배하던 아리안 족이 사용한 이래 卍자는 예로부터 세계 각지에서 쓰였다. 그리스 정교에서는 장식으로, 아메리카 인디언은 방향이나 바람의 상징으로, 중국에서는 난간 무늬로 사용했다. 독일 나치스는 卍를 변형시켜 그 상징으로 쓰기도 했다.

불교에 卍자가 최초로 등장한 것은 《수행본기경》에 나오는 부처님의 성도 설화에서다. 이에 따르면 부처님은 보리수 아래 금강보좌에서 수도할 때 풀을 깔고 앉았는데 그 풀의 끝이 卍자 모양을 한 길상초였다고 한다. 그 후 卍자는 불교 또는 사찰을 상징하는 대표적인 기호가 되었다.

법륜(法輪)

법륜은 범어 다르마 차크라(dharma-cakra)의 번역으로 부처님의 가르침을 전륜성왕(轉輪聖王)의 윤보(輪寶)에 비유한 말이다. 전륜성왕은 무력에 의하지 않고 정법으로 통치하는 이상적인 제왕이다. 전륜성왕이 갖고 있는 보배 중의 하나가 윤보인데 윤보가 굴러가면 모든 적들이 저절로 굴복한다고 한다. 부처님의 교법은 더할 수 없는 보배로서 일체 중생의 번뇌를 제거하므로 전륜성왕의 윤보를 빗대서 법의 수레바퀴로 표현한 것이다.

또 수레바퀴가 때와 장소에 구애받지 않고 굴러가는 것처럼 부처님의 가르침 역시 온갖 곳의 모든 중생을 교화한다는 의미에서 수레바퀴를 전법(傳法)의 상징으로 채택했다. 그래서 부처님이 설법하시는 것을 전법륜(傳法輪)이라 하며 녹야원에서 다섯 비구에게 법을 설한 최초의 설법을 초전법륜(初轉法輪)이라 한다.

불족상(佛足像)

원래 불교에서는 나무나 돌 등으로 부처님의 형상을 만드는 것을 철저히 금해었다. 부처님 스스로가 자신이 신격화되는 것 자체를 거부했을 뿐만 아니라, 유한한 형상으로 부처님을 표현하는 것

불족상

은 무한한 부처님의 공덕·위신력에 제한을 가하는 것이며, 그것은 곧 부처님의 존엄성을 훼손한다고 생각했기 때문이다. 그러나 부처님이 열반하신 후 세월이 흐르자 부처님을 그리워하는 중생들은 유형의 형상으로나마 부처님을 상징화해서 기리고자 했고 더 나아가 숭배하게 되었다.

처음에는 부처님이 남긴 가사·발우·사리 등을 숭배했으나 그것은 수량이 제한되어 있었다. 그래서 후대에는 어디서든지 쉽게 구하고 만들 수 있는 재료를 이용한 상징물로 대체되었다. 그러한 상징물 가운데 가장 널리 유포된 것이 보리수·법륜·불족 등이다.

불족은 중생을 제도하기 위해 동분서주한 부처님을 상징한다. 부처님은 당신을 필요로 하는 곳이면 어디든지 찾아다녔다. 부처님의 발길이 닿는 곳에는 항상 진리의 단비가 내렸다.

3대 성수(三大聖樹)

3대 성수란 말 그대로 세 가지 성스러운 나무로 무우수·보리수·사라수 등 3종의 나무를 말한다.

무우수(無憂樹)는 부처님의 탄생과 관계된다. 부처님이 룸비니동산의 이 나무 아래에서 탄생했다고 한다. 불전(佛傳)에 따르면 마야 부인이 산기를 느끼자 이 나무가 저절로 잡기 쉽게, 마치 절을 하듯이 구부러졌다고 한다. 마야 부인이 오른손으로 이 나뭇가지를 잡았을 때 오른쪽 옆구리로 부처님이 태어났다고 한다. 무우수는 두과(荳科)에 속하고 화려한 붉은 꽃을 피운다.

깨달음의 나무 보리수(菩提樹)의 본래 이름은 핍팔라다. 부처님이 이 나무 아래서 보리(깨달음)를 이루었다 하여 보리수라 한 것이다.

부처님의 열반을 상징하는 나무는 사라수(沙羅樹)다. 사라수는 부처님의 열반지인 중인도의 쿠시나라 부근에 많이 자라던 나무다. 부처님은 입멸 직전 사라나무 숲으로 들어가셔서 시자 아난다에게 두 그루의 사라수 사이에 누울 자리를 준비시킨 후 자리에 누으셨다. 그리고 부처님은 이 사라수 아래서 "모든 것은 변한다. 게으르지 말고 부지런히 힘써 정진하라."라는 말씀을 남기고 80년의 생애를 마쳤다. 부처님이 열반에 들었을 때 사라수에는 때 아닌 꽃이 피어서 부처님의 몸 위로 꽃비가 흩날렸다고 한다

연꽃(蓮華)

연꽃은 깨끗한 곳에서 꽃을 피우지 않는다. 물이 더럽고 지저분한 진흙 연못 속에서 아름다운 꽃을 피워낸다. 이러한 모습이 사바세계에 존재하는 부처님의 가르침(佛法)과도 흡사하여 불교를 상징하는 꽃으로 꼽힌다.

연꽃은 청·홍·황·백련화 등 여러 가지가 있는데 그중에서 백련화는 특히 번뇌에 오염되지 않은 청정무구의 불성에 비유되었다. 연꽃 자체가 불교를 상징하기도 하지만 각 부분도 불교의 진리를 상징적으로 드러내고 있다. 활짝 핀 연꽃잎은 우주를 상징하고, 줄기는 우주의 축을 의미한다. 연합에 있는 9개의 구멍은 9품 정토를 말하며 3개의 연뿌리는 불·법·승 삼보를 뜻한다. 그런가 하면 연꽃의 씨는 천 년이 지나도 심으면 꽃을 피운다 하여 불생불멸(不生不滅)을 상징하고, 꽃이 피면서 열매가 생기는 것은 인과가 동시에 나타남을 의미한다.

한국불교의 이해

1. 한국불교의 역사
2. 한국불교의 성자들
3. 한국의 명찰

제4장

●

한국불교의 이해

1. 한국불교의 역사

우리 나라 불교의 역사는 크게 4시기로 나뉜다. 불교가 어려움 끝에 전래되어 우리 민족의 가슴에 각인된 시기(전래와 발흥기, 삼국시대), 국교로 숭상되면서 민족 고유문화와 융합하여 찬란한 꽃을 피운 시기(문화의 꽃으로 핀 시기, 통일신라 이후 고려시대), 유교에 눌려 억압받으면서도 일반 백성들에게 파고들었던 시기(조선시대), 그 이후 기독교 등 외래종교의 전래로 격변하는 환경 속에서 민족종교로서의 새로운 길을 모색하는 시기(조선말~현대)로 나눌 수 있다.

전래와 발흥기(삼국시대)

우리 나라에 불교가 전래된 것은 372년인 고구려 소수림왕 2년이라는 것이 통설이다. 낙동강 유역의 가락국에 인도에서 직접 전래되었다는 남방전래설이 제기되고 있으나 아직은 정설로 인정되지 않고 있다. 현재로서는 중국 전진(前秦)의 왕 부견(符堅)이 고승 순도(順道)를 보내 고구려에 불상과 불경을 전한 것이 한반도에 불교가 처음 전래된 것으로 본다. 그러나 동진(東晋)의 지둔(支遁, 314~366)이 고구려의 고승에게 편지를 보냈다는 《양고승전》 등의 기록으로 미루어 보아 그 이전에 이미 암암리에 불교가 전래되어 민간에서 숭상하는 이가 있었던 것으로 보인다.

전진으로부터 불교를 받아들인 소수림왕은 우리 나라 최초의 절인 성문사(省門寺)와 이불란사(伊弗蘭寺)를 세우고 순도와 아도(阿道)를 각각 두 절에 주석하게 하였다. 이후 불교는 공개적이고도 본격적으로 전파되어 고구려의 중심 종교로 자리잡게 되었다.

백제에 불교가 전래된 것은 고구려보다 12년 뒤인 침류왕 1년(384)의 일이다. 인도의 승려 마라난타(摩羅難陀)가 동진으로부터 바다를 건너 백제 땅에 들어온 것이다. 그러나 침류왕이 마라난타를 맞아 크게 환대하면서 그 일행을 궁궐 안에 머물게 하였다는 기록 등으로 미루어 볼 때 그 이전에 불교에 대해 알고 있었음이 분명하다. 침류왕은 10명의 백제인을 마라난타 스님의 제자로 출가시켜 백제에 본격적으로 불교가 홍포되기 시작했다.

한편 신라의 불교 수용은 앞의 두 나라에 비해 순탄하지 않았다. 눌지왕 때(417~457)에 고구려에서 활동하던 전진의 승려 묵호자가 신라에 들어와 일선군에 있는 모례(毛禮)의 집에 머물면서 모례를 최초의 신도로 삼았다는 것이 공식적인 불교 전파의 최초 기록이다.

그러나 묵호자 스님을 처음 맞은 모례가 이전에도 여러 스님이 신라 땅에 왔으나 모두 죽임을 당했다면서 스님을 급히 자신의 집 토굴에 숨게 하였다는 《삼국유사》의 기록으로 보아 이전에 불교가 전래되었고 전법 과정에서 무수한 순교가 있었음을 알 수 있다. 묵호자 스님은 사람들이 양나라 사신이 신라에 가져온 향이 무엇인지 몰라 안절부절못했을 때 이것이 부처님 앞에 피워 올리는 공양물이라는 것을 밝혀 왕실 등에 불교를 홍보했으나 이것만으로 불교가 홍포되지는 않았고 묵호자 스님 역시 박해를 피해 신라 땅을 떠난 것으로 되어 있다. 그 뒤 소지왕 때 역시 고구려에서 아도화상이 들어와 모례와 함께 불법을 널리 펼치려 했지만 왕실과 조정 대신들의 비협조 혹은 방해로 크게 홍포되지 못했다고 한다.

신라에서 본격적으로 불교가 신봉되기 시작한 것은 이차돈의 순교가 있은 후부터다. 513년에 왕위에 오른 법흥왕은 개인적으로 불교를 신봉하면서 이를 나라와 자신의 정신적 지주로 삼으려 하였지만 보수적인 대신들의 반대에 부딪혀 성사시키지 못하고 있었다. 즉위 14년이 지난 527년 왕의 조카였던 젊은 불자 이차돈이 왕의 뜻을 헤아리고 자신이 참형을 당해 반대자를 굴복시키겠으니 불교를 공인해 달라고 청원하였다. 이차돈은 독단적으로 왕명을 내세우면서 사찰 건립공사를 일으키는 등 본격적으로 불교를 홍포했다. 이로 인해 대신들과 심각하게 대립하게 되었으며 급기야는 왕명을 빙자했다는 죄명으로 참수되기에 이른다.

《삼국사기》에 따르면 기꺼이 참수에 응한 이차돈의 목이 베어지는 순간 하늘이 검게 가리워지면서 땅이 크게 진동했고 그의 목에서는 흰 젖과 같은 피가 폭포처럼 뿜어져 나왔으며 그의 목은 하늘을 날아 서라벌 금강산(경주)의 정상에 떨어졌다고 한다. 이같은 이차돈의 순교와 이적으로 법흥왕은 배불파를 제압하고 527년 불교를 공인하였다. 이차돈의 순교 7년 뒤에는 신라 최초의 본격 사찰인 홍륜사(興輪寺)가 창건되었으며 540년 법흥왕은 진흥왕에게 왕위를 물려 주고 왕비 보덕 부인과 함께 출가하여 승려가 되었다.

　재위 37년간 일심으로 불법을 신봉한 진흥왕은 많은 업적을 남겨 신라 역사상 가장 뛰어난 명군으로 기록되고 있다. 진흥왕은 불교의 제반 업무를 관장하는 행정기구인 대서성(大書省)을 설치하였으며 흥륜사의 낙성과 더불어 국민이 승려가 되는 것을 허락했고 569년에는 신라 최대의 사찰인 황룡사를 완공하고, 574년에 금동여래장육존상을 조성하여 황룡사에 봉안하였다.

　신라의 영토를 크게 넓힌 진흥왕은 필연적으로 백제와 고구려와 대립하였지만 불교에 있어서 만큼은 문호를 개방하였다. 고구려의 명승인 혜량(惠良)을 초빙하여 승통(僧統)으로 삼기도 했으며 유학승 각덕(覺德)으로 하여금 양나라에서 불사리를 가져 오게 하였고, 진나라로부터 불교 경전 1,700여 권을 받아들이는 등 가장 늦게 공인된 신라의 불교가 삼국 가운데 가장 발전할 수 있는 기틀을 마련했다.

진흥왕이 말년에 수도했다는 전설이 전하는 진흥굴(전북 고창군 도솔산)

진흥왕에 이어 왕위에 오른 진평왕은 자신의 이름을 부처님의 아버지 정반왕의 이름을 본떠 백정(白淨)이라고 했으며 왕비도 마야 부인이라 할 정도로 불교를 깊이 신봉했다. 그 뒤 신라 왕실은 이름을 불교식으로 짓는 전통이 확립되었다. 선덕여왕은 덕만이라 했고 진덕여왕은 《승만경》의 승만이라 했다.

진평왕 시대에는 원광 법사가 대승의 가르침을 강설하면서 불교 교리와 국민의 도리를 융합한 세속오계를 제창하여 불교가 일반 백성 및 신라 통일의 원동력이 된 젊은 엘리트 그룹인 화랑들의 생활 지침이 되게 하였다. 선덕여왕 때에는 분황사 및 황룡사 9층탑이 조성되었고 황룡사에서 백고좌법회를 개최하였다. 이 같은 왕실의 후원으로 불교는 날로 발전하였고 많은 승려들이 불교 선진국인 중국으로 구법의 길을 떠났다. 해동의 두 성인이라 일컬어지는 원효 스님과 의상 스님이 당나라 유학을 시도했던 것도 이 시기이며 자장 율사가 당에서 돌아와 활약했던 시기도 이때였다.

자장 스님은 선덕여왕 12년(643)에 귀국하면서 부처님의 발우와 가사, 사리, 불경 4백여 상자와 법당을 장엄하게 꾸미는 여러 물품 등을 가지고 왔다. 자장 율사는 승단에 포살제도와 시험제도를 시행하였고 불교의식을 장엄하고 장중하게 지내도록 했다. 그는 통도사·범어사 등 수많은 사찰을 건립했으며, 특히 오대산을 문수도량으로 설정하여 불국토 신앙의 대중화를 꾀하였다.

신라불교는 귀족불교의 성향이 강했지만 대중적이며 서민적인 불교의 흐름도 무시할 수 없다. 진평왕대에서 선덕여왕대에 이르면 일반 대중의 생활 속으로 뛰어들어 불교를 홍포한 선각자적 고승들이 많이 배출되었다. 대표적인 인물로 혜숙(惠宿)·혜공(惠호)·대안(大安)·원효(元曉) 등을 들 수 있다.

혜숙은 승려이면서도 일찍이 국선의 낭도로 있다가 물러나 안강

의 적선촌에 살면서 시골 사람들에게 불법을 알리고 서민을 교화
하였다. 혜공은 이름 없는 작은 절에 살면서 대중을 교화하였다.
특히 남루한 차림으로 등에 삼태기를 지고 촌부, 목동, 뒷골목의
건달, 술주정꾼들과 함께하며 서민들 속에서 불법을 설한 일화는
유명하다.

대안은 특이한 모습으로 저잣거리에서 동발을 치며 '대안'을 외
치고 다녔다고 한다. 그의 기이한 행동과 가르침에 감동받은 사람
들은 그를 대안성자(大安聖者)라 불렀다고 한다.

원효는 당시 민중교화의 대표자이자 한국불교 교학의 대성자다.
의상과 함께 떠났던 당나라 유학길에서 해골에 담긴 물을 마시고
'일체유심조(一切唯心造)'의 도리를 깨닫고 국내에 남아 한국불교
의 독창적 사상을 만들어 냈다. 원효는 요석 공주와의 사이에서
설총을 낳아 파계하고는 승복을 벗어 던지고 소성거사(小姓居士)
라고 자처했다. 그는 표주박을 두드리며 춤을 추면서 "일체무애
(一切無碍)의 사람, 일도(一度)에 생사를 초출(超出)하다."고 외
치며 돌아다녔다. 이로 인해 글을 모르는 사람들도 부처님의 이름
을 알고 나무아미타불을 염송하게 되었다.

원효의 《금강삼매경론》《대승기신론소》등은 중국에까지 알려
져 큰 영향을 주었다. 원효 사상의 특징은 화쟁(和諍)의 방법론을
통해 교학을 일심(一心)사상으로 회통(會通)했다는 점이다. 불교
안의 여러 가풍을 회통하고 여러 종문을 화쟁하여 방대하고 모순
돼 보이는 불교를 화회귀일(和會歸一)한 것이다.

통일신라기에 활약한 대표적인 구법승들로는 원측·의상·혜초
등을 들 수 있다. 원측(圓測)은 신라의 왕손으로 당나라에 건너가
유식 등의 교학 연구에 힘썼다. 천성이 총명했던 원측은 수천의
말이라도 한 번 들으면 잊지 않았고 6개국의 말에 능통하여 그 학

원효 대사 진영

덕이 당나라에 널리 알려져 당태종에게서 도첩을 받기까지 하였
다. 당시 현장이 인도에서 배워온 유식학을 중심으로 중국의 법상
종을 수립한 것은 자은규기(慈恩窺基)지만 유식의 교의를 이해하
여 선양한 사람은 신라의 원측이었다.

　의상은 원효와 같은 시대의 인물로 문무왕 1년(661)에 당에 가
서 화엄학을 연구하고 신라에 돌아와 신라 화엄을 발전시키는 등
많은 활동을 하였다. 당나라 화엄학의 대가인 지엄(智儼) 문하에

172

서 7년간 화엄학을 연구한 의상은 '법성게(法性偈)'라 불리는《화
엄일승법계도》를 저술하여 명성을 크게 떨쳤다. 법성게는 화엄의
교의를 하나의 도면에 완성시킨 것으로 실천을 중요시하는 해동
화엄의 전통을 만들었다. 의상은 지엄의 뒤를 이어 후학을 지도하
다가 문무왕 11년(671)에 당나라가 신라를 공격할 것이라는 정보
를 듣고 급히 귀국하여 국가를 위기에서 구하였다.

　신라에 돌아온 의상은 부석사를 지어 화엄교학을 널리 폈다. 이
때 의상에게 배움을 구하려는 자가 구름처럼 모여들어 제자가 3천
여 명이나 되었다고 한다. 의상은 단순히 교학 연구에만 전념하지
않고 낙산사에 관음신앙의 터전을 마련하는 등 오랜 전쟁으로 피
폐해진 백성들의 가슴을 달래는 데도 남다른 노력을 기울였다. 효
소왕 1년(702)에 입적한 의상은 여래의 화현이라 불릴 정도로 세
인의 존경을 받았다.

　통일기에 당나라로 갔다가 해로로 인도 구법여행을 한 혜초(慧
超)는 성덕왕(702~732) 때에 인도의 불적지를 두루 순례하고《왕
오천축국전》이라는 기행문을 남겼다.

　통일신라 후기에는 선(禪)이 전래되어 우리 나라 불교사의 새
로운 전기를 이루었다. 달마를 초조로 하는 중국의 선종은 6조 혜
능(慧能)에 이르러 돈오(頓悟)를 표방하는 남종선(南宗禪)과 점
수(漸修)를 중시하는 북종선(北宗禪)으로 나뉘어졌다. 우리 나라
에는 북종선이 전래되었다는 흔적은 보이나 그 자취는 알 수 없고
남종선 계통이 크게 유포되었다.

　남종선을 처음으로 전한 사람은 선덕왕(宣德王) 5년(784) 당나
라에 유학하여 서당지장(西堂智藏)에게 심인(心印)을 얻어 헌덕왕
13년(821)에 귀국한 도의(道義)였다. 그러나 당시 신라는 교학불
교에 젖어 있어 선을 수용할 만한 풍토가 조성되어 있지 않았다.

결국 도의는 설악산 진전사(陳田寺)에 은거하면서 염거(廉居)에
게 법을 전했다. 염거는 다시 체징(體澄)에게 법맥을 전했고, 그
는 나중에 가지산문(迦智山門)을 개창하여 선을 크게 펼쳤다. 이
후 가지산문을 포함해 모두 9개의 선문(九山禪門)이 개산되어 한
국선의 뿌리가 되었다.

문화의 꽃으로 핀 시기(고려시대)

　신라에 이어 반도의 새로운 통일국가를 형성한 고려는 불교를
국교로 삼아 불교가 확고한 민족문화의 발판이 되기에 이른다.
　고려시대에 불교는 국가의 행정조직에 편입되어 승관제도를 확
립하기에 이르렀다. 고려 태조는 국사(國師)제도를 시행하여 승려
를 국정에 참여시켰다. 또한 중국의 과거제도를 모방하여 승과에
서 선종은《선문염송(禪門拈頌)》10권을, 교종은《화엄경》및《십
지론》1권을 암송하게 하였다. 승직에도 계급이 정해져 선종에는
대선 · 대덕 · 대사 · 중대사 · 삼중대사 · 수좌 · 승통 등이 있었다.
　사원은 불력과 법력으로 나라를 수호하는 성소로 간주되어 국왕
에게 세 왕자가 있다면 한 사람은 승려가 되었을 정도였다. 특히
불교가 국가의 정신적 지주로 크게 신봉되면서 나라가 위급할 때
구국적 불사로서 거대한 행사가 성행하였다.
　고려시대에는 화엄종 · 자은종 · 남산종 · 조계종 · 천태종 · 시흥
종 · 신인종 · 총지종 · 중도종 · 도문종 등의 많은 종파가 있었다.
이 중 뚜렷한 활동상을 보인 것은 조계종 · 화엄종 · 자은종 · 천태
종이다. 조계종은 신라 말에 남종선이 전래되어 가지산문 · 실상산
문 · 동리산문 · 성주산문 · 사굴산문 · 사자산문 · 봉림산문 · 희양산
문 · 수미산문 등 9파가 차례로 산문을 연 데서 그 근원을 찾을 수
있다.

고려불교 초기에는 선불교가 크게 성하였으나 선종(宣宗) 때에 이르러 의천(義天)에 의해 천태종이 개창되어 크게 교세를 떨치게 된다. 숙종 2년(1097)에 의천은 국청사에서 천태학을 강의하고 숙종 4년에는 천태종의 승선(僧選)을 행했고 2년 후에는 국가에서 주관하는 천태종 대선(大選)을 행했다. 이로써 의천이 개창한 천태종은 명실상부한 하나의 종파로서 부각되었다.

천태종의 개창 이후 선불교는 상대적으로 크게 위축되었다. 뿐만 아니라 고려 중기부터는 내용 없는 법회의 남발과 승려들의 기강 해이가 극에 달했다. 이러한 불교계의 혼탁한 분위기를 정화하고자 분연히 떨치고 일어난 인물이 지눌(知訥)이다. 그는《육조단경》《화엄경》《대혜어록》을 읽고 세 번을 크게 깨친 뒤 현재 송광사인 수선사(修禪社)를 중심으로 정혜결사(定慧結社)를 결성하여 새로운 수행 풍토를 진작했다.

지눌은 부처님의 뜻을 전하는 것이 선이요, 부처님의 말씀을 깨닫는 것이 교인데도 이를 모르고 '선종이다, 교종이다' 하고 싸우는 것은 부처님의 참뜻을 모르기 때문이라고 설파했다. 그는 선교 일치의 정혜쌍수(定慧雙修)를 표방하여 무의미한 논쟁을 매듭짓고 참다운 불교 수행의 길을 제시하여 선풍을 크게 일으켰다.

고려불교사에서 빼놓을 수 없는 자랑거리는 두 차례의 대장경 조성이다. 더구나 이 대작불사는 외적의 침입이라는 국가적 위기 속에서 이루어진 것이어서 더욱 의미가 크다. 첫번째 대장경 조성은 거란족이 침입할 때 이루어졌다. 현종 1년(1010)에 거란족의 침입으로 수도였던 개성이 함락되자 현종은 나주로 피난하면서 국난을 극복하고 외적을 물리치기 위하여 대장경을 조성하게 하였다. 그 뒤 적군이 물러가고도 경판 사업은 계속되어 약 40여 년이 걸린 문종 때(1047~1083)에 이르러 1,106부 5,048권의 대장경이

해인사 팔만대장경 경판

완성되었다. 최초의 고려대장경이 완성된 것이다. 이것을 고려구장경 또는 초조대장경이라 한다.

초조대장경은 팔공산 부인사에 봉안되어 국민들의 신앙의 의지처가 되었으나, 고종 19년(1232)에 몽고가 침입했을 때 황룡사 9층탑과 함께 불탔다. 같은 해 왕은 강화도로 왕궁을 옮기고 대장경 조성을 통해 민심을 수습하고 국난을 극복하고자 했다. 고종

23년(1236)에 강화도에 대장도감을, 진주에 분사(分司)를 설치하여 불사를 일으킨 지 16년 만인 고종 38년(1251)에 경판 81,258판 1,512부 6,791권의 경론이 고려대장경으로 완성되었다. 고려대장경은 현재 해인사에 보관되어 있으며 '세계의 문화유산'으로 지정되어 있다.

박해와 전승기(조선시대)

고려 말부터 일기 시작한 배불의 기세는 유교를 건국이념으로 한 조선시대에 들어오면서 더욱 거세졌다. 이에 적절하게 대응하지 못한 불교는 급격하게 쇠락의 길을 걸었다.

성종·연산·중종의 척불은 특히 극심하여 불교는 명맥을 유지하기도 쉽지 않았다. 권력의 탄압으로 피폐해질 대로 피폐해진 불교는 명종 5년(1550) 문정왕후의 도움으로 선·교 양종과 승과가 부활되어 재흥(再興)의 기회를 맞았다. 허응당(虛應堂) 보우(普雨)가 판사가 되어 실시된 승과에서 조선 중기 불교중흥의 주역이었던 휴정(休靜)과 그의 제자 유정(惟政)이 배출된 것은 조선불교사에 한 획을 긋는 획기적인 일이었다.

그러나 문정왕후가 죽자 보우는 제주도로 귀양가서 장살당하고 불교는 다시 탄압에 의해 산속으로 들어갈 수밖에 없었다. 그러나 승과에서 배출된 휴정 등은 왜적의 침입으로 국가가 위기에 처하자 산속에서 뛰쳐나와 나라를 구하는 데 앞장섰다.

선조 25년(1592)에 임진왜란이 일어나자 당시 묘향산에 머물고 있던 휴정은 왕의 부탁을 받고 산에서 내려와 팔도도총섭의 직함을 받고, 전국 승려에게 격문을 돌려 순안 법흥사에서 1,500명의 의승을 모아 참전하였다.

그의 제자 사명대사 유정은 금강산에서 800명의 의승을 모았고,

처영(處英)은 지리산에서 일어나 호남지방을 중심으로 1,000여 명의 의승을 이끌고 참전하는 등 당시 의승군은 5,000여 명에 이르렀다.

공주 갑사의 청련암에 있던 휴정의 제자 영규(靈圭)는 500여 명의 의승군을 이끌고 청주성의 왜적과 싸워 크게 승리를 거두고 성을 탈환하였다. 이어 영규의 800명의 승병과 의병장 조헌의 700명의 의병은 함께 금산성 전투에서 끝까지 항전하다 장렬하게 전사하였다.

73세의 고령으로 팔도도총섭을 맡은 휴정은 제자 의엄(義嚴)에게 병권의 일부를 대행시키고 관동지방에서 합세한 유정을 승군도대장으로 삼아서 1593년 1월에 명나라 군사와 합세하여 왜적을 무찔러 평양성을 탈환하였다.

유정은 왜적이 정유년에 재침했을 때 의승군의 정예부대를 이끌고 서생포의 왜적을 포위하였으며 수차례에 걸쳐 적진 속을 드나들며 적정을 탐지하는 등 큰 전공을 세웠다. 또한 유정은 전란 뒤인 선조 37년에 일본에 건너가 외교 문제를 해결하였을 뿐만 아니라 포로로 잡혀 갔던 동포 3,000여 명을 데리고 오는 등 큰 성과를 거두었다.

새로운 길의 모색기(현대)

재흥의 싹이 트던 조선 중기와는 달리 조선 후기 불교의 상황은 승려들의 도성 출입이 금지될 정도로 열악하기 그지 없었다. 1895년에 이러한 조치는 해제되었지만 곧 다시 국가의 관리를 받게 되었다.

일본은 조선을 병합한 뒤 사찰령을 제정, 31본산제를 운영하여 한국불교를 통제했다. 36년 동안 일제의 침탈은 한반도의 구석 구석과 우리 정신을 유린했는데, 불교계 역시 예외일 수는 없었다. 일제의 불교 탄압은 일본식 불교 강요로 나타났다. 이에 뜻있는 선각자들은 조선불교선리참구원(현재 선학원)을 설립해 명맥을 유지했다.

일제 강점기를 거쳐 나라는 해방을 맞이하지만, 불교 종단의 어두운 그림자는 가시지 않고 오히려 종권다툼의 양상은 극으로 치달았다. 마침내 1954년 6월 24일, 선학원에서 원로 비구들이 한자리에 모여서 교단정화대책위원회를 구성함으로써 정화운동이 시작되었다. 그러나 비구-대처승 쌍방은 합의점을 쉽게 찾지 못하여 미궁 속으로 빠져들었다. 그리고 8년 후인 1962년 불교재산관리법이 제정되면서 대처와 비구의 싸움은 끝났다. 한국불교는 분규가 종식된 뒤 가장 큰 종단인 조계종을 비롯 태고종·천태종·진각종 등 여러 종파로 분립되었다.

2. 한국불교의 성자들

이차돈(異次頓, 506~527)

신라 최초의 불교 순교자이다. 성은 박씨이며 태어난 해가 501년이라는 설도 있다. 일찍부터 불교를 신봉하였으나 불교가 국법으로 허용되지 않음을 한탄하였다. 법흥왕도 불교를 백성들에게 알리고 불교를 통해 국운의 번영을 도모하려 하였으나 여러 신하들이 반대하여 주저하고 있었다. 그때 이차돈은 "나라를 위하여 몸을 죽이는 것은 신하의 대절이요, 임금을 위하여 목숨을 바치는 것은 백성의 바른 뜻"이라며 거짓 명령을 전한 죄로 자신의 머리를 베면 만인이 다 굴복하여 교명(敎命)을 어기지 못할 것이라고 하였다. 왕은 불교를 일으키려 하면서 죄 없는 사람을 죽일 수 없다고 하였지만, 이차돈은 불교의 홍포를 위하고 성주(聖主)의 평안을 위해 허락해 줄 것을 간청하였다.

마침내 이차돈은 천경림(天鏡林)에 절을 짓기 시작하였다. 예상했던 대로 왕의 명령도 없이 단독으로 시작한 것이 밝혀지자 신하들이 벌떼처럼 들고 일어났다. 법흥왕은 이차돈과 약속한 대로 그의 목을 베도록 했다. 이차돈은 "내가 불법을 위하여 형벌을 받사오니, 불법이 신령하다면 내가 죽은 뒤에 반드시 이적이 있을 것"이라고 하고 하늘을 향해 기도하였다. 목을 베자 머리는 멀리 날아가 금강산(경주) 꼭대기에 떨어졌고, 잘린 목에서는 흰 젖이 수십 장(丈)이나 솟아올랐으며, 갑자기 캄캄해진 하늘에서는 아름다운 꽃이 떨어지고 땅이 크게 진동하였다 한다. 이로써 왕이 불교를 공인하니 그의 나이 22세(또는 26세)였다.

자장(慈藏, 590~658)

신라시대의 고승으로 속성은 김씨, 무림(茂林)의 아들이다. 무림은 진골 출신으로 신라 17관등 중 제3위에 해당하는 소판(蘇判)의 관직에 있었다. 늦게까지 아들이 없던 그는 불교에 귀의하여 아들을 낳으면 시주하여 법해(法海)의 진량(津梁)이 되게 할 것을 축원하면서 천부관음(千部觀音)을 조성하였다. 어느 날 그의 아내가 별이 떨어져 품안으로 들어오는 태몽을 꾸고 석가모니 부처님과 같은 4월 8일에 자장을 낳았으므로 선종랑(善宗郎)이라 이름하였다.

양친을 여읜 뒤 인생의 무상함을 실감한 자장은 처자와 이별하고 원녕사(元寧寺)를 지어 고골관(枯骨觀, 白骨觀)을 닦았다. 작은 방을 만들어 가시로 주위를 막고 맨몸으로 그 안에 앉아 움직이면 가시가 찌르도록 하였고, 머리를 들보에 매달아 정신의 혼미함을 물리치는 고행을 하였다. 그때 조정의 재상자리가 비어 관례대로 자장이 문벌로서 결정되어 여러 차례 부름을 받았으나 응하지 않았다. 이에 왕이 조칙을 내려 "취임하지 않으면 목을 베라."고 하였다. 그러나 그는 "내 차라리 계(戒)를 지키고 하루를 살지언정 계를 깨뜨리고 백 년 살기를 원하지 않는다."고 하였다. 왕도 어쩔 수 없이 그의 출가를 허락하였다.

자장 율사 진영

선덕여왕 5년(636) 당나라에 건너간 그는 청량산 문수보살상 앞에서 기도한 지 7일 만에 문수대성을 친견하고 다음날 어떤 승려로부터 가사와 발우, 불두골(佛頭骨) 한 조각을 받았다. 그 뒤 당 태종의 후한 대접을 받았으며 장님이 그의 설법을 듣고 눈을 뜬 뒤 많은 사람들이 계를 받기 위해 몰려들었다고 한다. 선덕여왕의 청에 의해 643년(선덕여왕 12) 경장 일부와 불구(佛具) 등을 가지고 돌아와 분황사에 머물렀다. 그 뒤 대국통에 임명되었다.

645년 황룡사 9층탑을 세우고 주지가 되었으며 《보살계본》을 강의하기도 했다. 또 통도사를 세우고 금강계단을 설치하여 부처님이 친히 입으셨다는 가사와 불사리를 모셨다.

저서로는 《아미타경소》《아미타경의기》《십송율목차기(十誦律木叉記)》《사분율갈마사기(四分律羯磨私記)》 등이 있으나 모두 전하지 않는다.

원효(元曉, 617~686)

신라시대의 고승으로 성은 설(薛)씨다. 현재의 경북 경산시 자인면, 당시 압령군 불지촌(佛地村)의 밤나무 밑에서 태어났다. 진덕여왕 2년(648) 황룡사에서 스님이 되어 각종 불전을 섭렵하고 수도에 정진했다. 34세 때 의상과 함께 당나라 유학길에 올랐다. 육로로 가다가 도중에 고구려 병사에게 잡혀서 되돌아오고 10년 뒤 다시 의상과 함께 해로로 들어가려 하였으나 여행 도중 해골에 고인 물을 마시고 크게 깨친 바가 있었다. 즉 마음이 일어나면 모든 현상이 일어나고 마음이 사라지면 현상도 일어나지 않는다는 사실을 깨달은 것이다. 그래서 유학을 포기하고 돌아와 저술과 대중교화에 힘썼다.

원효는 광대들이 큰 표주박을 가지고 춤추는 놀이를 구경하고 그것을 본떠 '무애(無碍)박'을 만들어 두드리면서 노래하고 춤추며 대중을 교화했다. 이로 인하여 가난한 사람이나 어린 아이까지 모두 부처님의 이름을 알고 염불할 줄 알았다고 한다. 그는 대학자일 뿐만 아니라 민중 교화승으로서 당시 귀족화된 불교를 민중불교로 바꾸는 데 크게 공헌하였다. 또 종파에 따라 상이한 불교이론을 고차원적인 입장에서 융화시키려고 노력하였는데, 이것을 화쟁사상이라 한다.

저서로는 《대승기신론소》《금강삼매경론》이 대표작이다. 특히 《대승기신론소》는 '해동소(海東疏)'라는 별칭이 붙을 정도로 뛰어나서 중국·한국·일본에서 널리 읽혔다. 그의 저술은 대략 100여 종 240여 권으로 알려져 있으나 현존하는 것은 19부 22권에 지나지 않는다.

의상(義湘, 625~702)

신라시대의 고승으로 우리 나라 화엄종의 개조다. 성은 김씨(송고승전에서는 박씨)다. 19세에 경주 황복사에서 출가하였다. 진덕여왕 4년(650) 원효와 함께 당나라에 가려고 요동까지 갔으나 첩자로 오인받아 붙잡혀 되돌아왔다. 10년 뒤 다시 유학을 감행하여 원효는 도중에 돌아오고 의상 혼자만 당나라로 들어갔다. 종남산 지장사의 지엄(智儼;중국 화엄종의 제2조) 문하에서 현수(賢首)와 같이 화엄을 공부했다. 그때 지엄에게 지어 올린 《화엄일승법계도》를 지엄은 자신의 '73인(印)'보다 훌륭하다고 칭찬했다. 우리 나라 불교의식에서 빠지지 않는 《법성게》가 바로 《화엄일승법계도》다.

부석사·화엄사·해인사 등 화엄십찰을 건립하여 화엄학을 크게 선양했다. 의상은 제자의 양성에도 남다른 열의를 보였다. 그에게는 3,000명 이상의 제자가 있었다고 하는데 당시 유명했던 사람으로 오진·지통·표훈·의적·진정·도융 등 10명의 제자가 있었다.

저술로는《화엄일승법계도》《백화도량발원문》각 1권,《십문간법관(十門看法觀)》1권,《입법계품초기(入法界品鈔記)》《아미타경의기(阿彌陀經義記)》1권,《일승발원문(一乘發願文)》등이 있다.

의상 대사 진영

혜초(慧超, 704~787)

신라의 고승이다. 20세쯤 당나라 광주에 가서 인도 승려인 금강지(金剛智)의 제자가 된 후 그의 권유로 인도로 구법 여행을 떠났다. 정확한 연대는 확실하지 않으나 723년경으로 추정되고 있다. 나신국을 경유하여 인도 동해안에 도착, 불교의 유적을 순례하고 캐시미르(kashmir)·아프가니스탄·중앙아시아 일대까지 답사하였다. 다시 장안으로 돌아온 것은 10년 만인 30세 전후였다. 이 10년 동안의 여행에서 보고 들은 것을 기록하여 《왕오천축국전(往五天竺國傳)》 3권을 저술하였다. 1890년 프랑스의 동양학자인 펠리오(Pelliot)가 감숙성 돈황의 천불동 석굴에서 발견한 《왕오천축국전》은 고대 동서교섭사 연구에 귀중한 자료가 되고 있다.

균여(均如, 923~973)

고려의 고승이다. 균여의 업적 중 빼놓을 수 없는 것은 향가 11수의 제작이다. 그는 화엄사상의 이론적 연구에만 그치지 않고 일반 서민들이 누구나 쉽게 접해서 실천할 수 있도록 11수의 '보현행원가(普賢行願歌)'를 지었다. 신라시대의 원효·대안·혜숙 등이 위대한 민중불교의 실천자였다면, 균여는 고려가 낳은 위대한 실천불교 운동가였다.

저서로 《공목장기(孔目章記)》 8권, 《탐현기석(探玄記釋)》 28권, 《화엄경삼보장원통기(華嚴經三寶章圓通記)》 상하, 《석화엄교분기원통초(釋華嚴敎分記圓通鈔)》 10권, 《석화엄지귀장원통초(釋華嚴旨歸章圓通鈔)》 상하 등이 있다.

의천(義天, 1055~1101)

고려 때의 고승으로 성은 왕(王)씨며 이름은 후(煦)다. 자는 의

천(義天), 호는 우세(祐世), 시호는 대각국사(大覺國師)로 고려의 천태종을 창종했다.

아버지는 고려 제11대 왕인 문종이며 어머니는 인예왕후 이씨(仁叡王后 李氏)다. 문종은 관례에 따라 왕자 한 명을 출가시켜야 했는데 그때 자원한 사람이 넷째 왕자인 후였다. 그때 그의 나이 11세였다. 의천은 문종이 죽은 뒤 1085년(선종 2)에 유학길에 올랐다. 송나라 철종은 수도 변경에 있는 계성사에 머물게 하면서 당시 화엄의 대가였던 유성(有誠) 법사와 교우할 수 있도록 천거해 주었다. 두 사람은 화엄과 천태에 대한 의견을 주고받았다. 또 자변(慈辯) 대사와 원소(元炤) 율사를 만나 천태·정토교학을 담론하고, 인도 승려 천길상(天吉祥)을 만나 인도에 대한 사정과 학문을 배웠다.

1086년 5월 불교전적 3,000여 권을 가지고 귀국하여 흥왕사에 있으면서 교장도감을 설치하여 속장경 4,740여 권을 간행하였으니 이것이 '고려속장경'이다. 1097년(숙종 2) 국청사가 완성되어 그곳에서 천태학을 강의하였다.

저서로는 《신편제종교장총록》 3권, 《신집원종문류》 22권, 《석원사림》 25권, 《간정성유식론단과》 3권, 《천태사교의주》 3권 등이 있는데 《신편제종교장총록》 3권, 《신집원종문류》《석원사림》의 일부와 《간정성유식론단과》의 서문만이 전한다.

지눌(知訥, 1158~1210)

고려 중기의 고승이자 선종의 중흥조이다. 속성은 정(鄭)씨로 휘는 지눌, 호는 목우자(牧牛子)다. 불일보조국사(佛日普照國師)는 입적 후 휘종으로부터 받은 시호이며, 탑호는 감로(甘露)다.

8세 때 출가하여 1182년(명종 12) 25세로 승과에 급제하였다.

곧 이어 보제사의 담선법회에 참석하여 그곳에 모인 도반들과 함께 정혜결사를 맺어 명리(名利)를 멀리하고 습정균혜(習定均慧)의 수행을 기약하였다. 전남 평창 청원사에서 《육조단경》을 읽다가 깊은 종교적인 체험을 했다. 3년 뒤인 1185년 하가산 보문사에서 3년간 대장경을 열람하였다. 그때 《화엄경》의 〈여래출현품〉과 이통현(李通玄)의 《화엄론》에서 선(禪)과 교(敎)가 둘이 아님을 확신하고, 부처님이 입으로 설한 것이 교요, 조사(祖師)가 마음으로 전한 것이 선이라는 결론에 이르렀다. 이로써 인도적인 교와 중국적인 선을 융화하는 새로운 수행체계를 세워 선교합일(禪敎合一) · 회교귀선(會敎歸禪)이라는 독창적인 종지(宗旨)를 이끌어 냈다.

명종 20년(33세)에는 팔공산 거조사에서 '정혜결사'의 깃발을 올리고 지금의 송광사로 옮겨 결사를 본궤도로 올려 놓았다. 정혜결사는 당시 불교의 타락상을 바로잡고 교선의 대립을 지양한 불교혁신 운동이었다.

저서로는 《수심결》《권수정혜결사문》《계초심학인문》《진심직설》《법집별행록절요》《원돈성불론》《간화결의론》《화엄론절요》 등이 있다.

일연(一然, 1206~1289)

고려 후기의 고승이다. 처음 법명은 견명(見明)이었으나 뒤에 일연으로 바꾸었다. 자는 회연(晦然), 자호는 목암(睦庵), 시호는 보각국사(普覺國師)다.

9세 때 광주의 무량사에서 공부를 시작했고, 14세 때 설악산 진전사로 출가하여 고승 대웅(大雄)의 제자가 되어 구족계를 받고 여러 선문을 방문하여 수행하였다. 1227년 승과인 선불장(選佛場)에서 가장 우수한 성적으로 합격했다. 그 뒤 비슬산의 보당암으로

일연 선사 부도
(보물 제428호)

옮겨 수년 동안 머물면서 참선에 몰두하였다.

1236년 몽고가 침입했을 때 병화를 피하기 위하여 문수의 5자주를 염하면서 감응을 빌었다. 문수보살이 현신하여 그 방법을 일러 주었다고 한다. 보당암·묘문암·무주암 등지에서 난을 피하여 부지런히 선을 닦고 있던 어느 날 삼계가 덧없는 꿈이며 대지가 티끌만큼의 막힘도 없음을 깨닫게 되었다고 한다.

이 해 나라에서 삼중대사(三重大師)의 승계를 내렸고 1246년 다시 선사(禪師)를 더하였다. 1256년 여름에는 윤산의 길상암에서 《중편조동오위》 2권을 지었다. 이 책은 최근 일본에서 발견되어 알려지게 되었다. 1277년(충렬왕 3)부터는 왕의 명에 따라 청도 운문사에서 1281년까지 주석하면서 선풍을 진작했다. 이때 《삼국유사》를 집필하기 시작한 것으로 추정된다.

1283년 국존으로 책봉되어 원경충조(圓徑沖照)라는 호를 받았다. 이 무렵 그는 왕에게 선을 설하기도 하고 또 왕을 비롯한 신하들로부터 극진한 예를 받기도 했다. 그러나 몇 차례에 걸친 왕의 만류도 뿌리치고 늙은 노모를 봉양하기 위하여 고향으로 돌아갔다. 1284년 노모가 돌아가시자 조정에서 경북 군위군 화산의 인각사를 수리하고 토지 100여 경(頃)을 주어 주석케 했다.

100여 편에 이르는 저서를 남겼으나 지금은 《삼국유사》와 《중편조동오위》가 전할 뿐이다. 84세로 입적했다.

보우(普愚, 1301~1382)

고려 말기 스님으로 호는 태고(太古)다. 일명 보허(普虛)라고 한다. 속성은 홍씨이며 홍주 사람이다. 13세에 회암사 광지(廣智) 선사에게서 출가한 후 가지산으로 가서 수행하였다. 19세 때에는 '만법귀일(萬法歸一)'의 화두를 참구하였고, 26세 때에는 화엄선(華嚴選)에 합격하였다. 한때 경전 공부에도 몰두하였으나 한계를 깨닫고 선수행으로 일관했다.

충숙왕 복위 2년(1333) 가을 감로사에서 1차의 깨달음을 경험했고 《원각경》을 보다가 "일체가 멸하면 이것을 부동(不動)이라고 한다."는 구절에서 알음알이가 전부 쇄락하는 2차의 깨달음을 경험했다. 그 뒤 조주의 '무자(無字)' 화두를 참구하여 1338년 1월 7일 3차의 깨달음을 경험했다. 그 해 3월에는 고향인 양근으로 돌아가 어버이를 봉양하며, 공안을 참구하다가 암두밀계처(巖頭密啓處)에 이르러 마침내 4차의 깨달음을 이루고 20년 동안 고심했던 일대사를 해결했다고 한다.

저서로는 《태고화상어록》 2권, 《태고유음》 6책 등이 있다.

휴정(休靜, 1520~1604)

조선 중기의 고승으로 팔도도총섭을 지냈다. 속성은 완산 최씨, 이름은 여신(汝信), 자는 현응(玄應), 호는 청허(淸虛), 법명은 휴정이다. 별호로 백화도인(白華道人)·서산대사·풍악산인·두류산인·묘향산인·조계퇴은(曹溪退隱)·병로(病老) 등이 있다.

평안도 안주 출신으로 어려서부터 남다른 데가 있어서 아이들과 놀 때 돌을 세워 부처님이라 하고 모래를 쌓아 올려 탑이라 하며 놀았다. 9세에 어머니를 10세에 아버지를 여의고 안주 목사를 따라 서울에 와서 성균관에서 3년간 공부하여 과거를 보았으나 실패하였다. 친구들과 같이 지리산에 들어가 여러 사찰을 전전하던 중

서산 대사 부도

190

에 영관(靈觀)의 설법을 듣고 불법을 연구하기 시작했다. 영관 밑에서 행자가 된 지 6년이 지난 어느 날 문득 깨친 바가 있어 불문에 귀의했다.

영관에게 인가를 받고 운수행각을 하며 공부에만 전념하다가 1549년(명종 4) 승과에 급제하였다. 대선(大選)을 거쳐 선교양종 판사(禪敎兩宗判事)가 되었다. 그러나 37세 때에 홀연히 승직이 승려의 본분이 아님을 자각하고 모든 직책을 버리고 금강산·지리산·태백산·오대산을 거쳐 묘향산으로 들어갔다.

1592년(선조 25) 임진왜란이 일어나자 전국 사찰에 격문을 돌려서 승려들이 구국의 대열에 앞장서도록 했다. 이에 제자 처영·유정 등이 승군을 모아 평양으로 왔다. 휴정은 의승들을 법흥사에 집결시켜 스스로 의승군을 통솔하였고, 명나라 군사와 함께 평양성을 탈환하였다. 선조는 그에게 팔도선교도총섭(八道禪敎都總攝)이라는 직함을 내렸으나 나이가 많음을 이유로 제자 유정에게 물려 주고 묘향산으로 돌아갔다. 선조는 '국일도대선사 선교도총섭 부종수교 보제등계존자(國一都大禪師 禪敎都總攝 扶宗樹敎 普濟登階尊者)라는 호를 내렸다. 1604년(선종 37) 묘향산 원적암에서 가부좌한 채로 입적하였다.

저서로는 문집인 《청허당집》을 비롯하여 《선가귀감》《삼가귀감(三家龜鑑)》《선교석(禪敎釋)》《선교결(禪敎訣)》《심법요(心法要)》《설선의(說禪儀)》《운수단(雲水壇)》《제산단의문(諸山壇儀文)》등이 있다.

유정(惟政, 1544~1610)

조선 중기의 고승이다. 경남 밀양 출신으로 속성은 임(任)씨, 속명은 응규(應奎), 자는 이환(離幻)이다. 법명은 유정, 호는 사명당(四溟堂)·송운(松雲), 별호는 종봉(鍾峯)이다.

1558년(명종 13)에 어머니가 죽고, 1559년에 아버지가 죽자 김천 직지사로 출가하여 신묵(信默)의 제자가 되었다. 3년 뒤 승과에 합격하여 많은 유생들과 교유하였고, 당시의 재사인 노수신에게서 《노자》《장자》 등을 배웠다. 그 뒤 직지사 주지를 지냈고, 1575년(선조 8) 선종계 사람들의 열망에 의하여 봉은사 주지로 천거되었으나 사양하고, 묘향산 보현사의 휴정(서산대사)을 찾아가서 선리(禪理)를 참구하였다. 1586년 옥천산 상동암에서 깨달음을 얻었다.

1592년 임진왜란이 일어나자 스승인 휴정의 격문을 받고 의승병을 모아 휴정과 합류, 의승도대장이 되었다. 1593년 1월 명나라 구원군이 주축이 되었던 평양성 탈환 전투에 참가하여 혁혁한 공을 세웠다.

3. 한국의 명찰

통도사

통도사(通度寺)는 경남 양산시의 북쪽 끝에 높이 1,050m 영취산 남쪽 기슭에 자리잡고 있다. 통도사는 무엇보다도 삼보 가운데 가장 으뜸인 불보(佛寶)를 간직하고 있어 이름 그대로 불지종찰(佛之宗刹)이다.

신라 선덕여왕 15년(646) 자장 율사에 의해 창건된 통도사는, 자장 율사가 당나라에 가서 청량산의 문수보살상 앞에서 7일 정진한 끝에 문수보살로부터 부처님께서 친히 입으셨다는 가사와 사리

등을 얻고 이를 모실 자리까지 선정받아 세우게 된 절이라고 한다. 유학을 마치고 귀국한 자장 율사는 문수보살의 지시를 받은 바를 행하기 위해 신라 산야를 헤매다 지금의 통도사 터에 이르게 되었다. 그는 구룡소에 사는 용을 하늘로 승천시키고 못을 메워 통도사를 창건하고 '모든 법에 통하여 모든 중생을 구제한다'라는 뜻에서 절 이름을 통도사라 했다.

통도사의 가람배치는 다른 사찰에서는 보기 힘든 특이한 형태를 취하고 있다. 법당에 준하여 상·중·하 세 지역으로 나누어 이를 상로전·중로전·하로전이라 하고 있다. 상로전에는 대웅전·응진전·명부전 등이 속해 있다. 대웅전은 금강계단 앞에 있다. 금강계단에 부처님의 진신사리와 친착가사를 봉안했기 때문에 불상이 없는 대웅전에는 거대하고 화려한 수미단이 좌대를 떠받치고 있다. 중로전에는 자장 율사의 영정을 모신 해장보각과 관음전·용화전 등의 당우가 있고, 하로전에는 일주문부터 시작하여 만세루·범종각·영산전 등을 포함하고 있다.

통도사는 불보사찰답게 문화재가 많이 소장되어 있다. 성보박물관에는 석가모니 부처님이 친히 입었다는 가사를 비롯하여 국내 유일의 오계수호신장도·팔금강정·구룡병풍·삼신정·달마도·감로종 등 수많은 성보문화재가 보관 전시되어 있다. 통도사에 소장돼 있는 3백여 점에 달하는 불화는 우리 나라 불교회화를 이해하고 연구하는 데 없어서는 안 될 귀중한 자료이다. 이 밖에도 문화재적 가치가 높은 불교조각·공예품 등이 많이 있다.

해인사

법보(法寶)사찰 해인사(海印寺)는 경상남도 합천군 가야면 치인리 가야산에 자리하고 있다. 해인사를 법보사찰이라 일컫는 것은 고려대장경(팔만대장경)이라는 무상(無上) 법보를 소장하고 있기 때문이다. 해인사를 품고 있는 가야산은 인도의 붓다가야 근처에 있는 가야산에서 그 지명이 유래했고, 절 이름인 '해인(海印)'은 《대방광불화엄경》에 나오는 '해인삼매(海印三昧)'에서 유래된 것이다.

해인사는 신라 제40대 애장왕 3년(802)에 해동 화엄종의 초조 의상 대사의 법손인 순응(順應)과 이정(理貞)에 의해 지금의 대적광전 자리에 창건되었다. 화엄종의 본존은 비로자나불로 해인사의 금당(金堂)이라 할 수 있는 대적광전에도 비로자나불이 주불로 모셔져 있다. 대적광전 바로 뒤에는 팔만대장경 경판고가 있다. 이곳을 중심으로 명부전·응향각·삼성각·관음전·심검당 등 총 18동의 당우가 자리하고 있다.

대장경을 보관하고 있는 경판고(經板庫)는 성종 19년(1488)에 세워진 건물로 대장경을 가장 과학적으로 보관할 수 있는 완벽한 걸작이라고 한다.

해인사는 우리 나라의 대표적인 수행 도량으로 예로부터 많은 고승들이 이곳에서 깨달음을 이루고 후학을 지도하였다. 해인사에 주석했던 대표적인 인물로는 사명·벽암·의천·경성·경허 등이 있다.

송광사

전남 승주군 조계산 안에 위치한 송광사(松廣寺)는 불교의 삼보 사찰 중 승보 사찰이다. 보조 국사 지눌을 비롯해 고봉(高峯)에 이르기까지 16명의 국사(國師)가 송광사에서 배출되었다.

송광사는 신라시대 말기 혜린(惠燐) 선사가 창건한 것으로 알려져 있다. 그러나 창건 연대에 관한 구체적인 기록은 없다. 다만 혜린 선사가 지금의 송광사 자리에 절을 창건하여 길상사(吉祥寺)라고 했다고 한다. 이후 송광사는 정혜사(定慧寺)·수선사(修禪社)라는 이름을 거쳤다. 정혜사는 지눌이 길상사를 크게 중창할 때의 이름이고, 수선사는 고려 희종이 하사한 이름이다.

송광사에는 대웅전·국사전 등 50여 동의 건물이 있다. 이 가운데 주요 건물들은 서쪽을 향하고 있다. 옛 송광사의 건물 배치는 상당히 치밀하여 비가 오면 경내에선 빗방울을 맞지 않고 자유롭게 오갈 수 있었다고 한다. 지금의 송광사 건물 가운데 몇몇은 다른 절에서는 보기 힘든 독특한 형태를 취하고 있다. 대웅전 뒤쪽에 설법전과 선방이 있는 것은 흔치 않은 배치 구도이며, 죽은 혼의 관욕처인 척주각(滌珠閣)·세월각(洗月閣) 등은 다른 절에서는 보기 어려운 곳이다.

하사당(下舍堂)과 절 내에서 가장 작은 법당인 약사전, 영산전 등의 건물과 국내에서 가장 오래 된 노비문서인 노비첩 등이 보물로 지정돼 있으며, 목조삼존불감·고려고종제서(高麗高宗制書) 등이 국보로 지정돼 있다. 이 밖에도 송광사에는 《대승아비달마잡집론소》《묘법연화경찬술》 등 대각 국사 의천이 간행한 5종의 경전이 보존되어 있다.

불국사

천년 고도 경주의 토함산 기슭에 자리한 불국사(佛國寺)는 한국 불교 문화의 정수라 해도 결코 지나치지 않는 명찰이다. 경주시 동남쪽에 동해를 면하여 높이 745m로 우뚝 솟아 있는 토함산의 정상 가까이에는 세계의 문화유산으로 지정된 석굴암이 찬연한 빛을 발하고 서 있다.

불국사 창건 연혁을 담은 〈고금창기(古今創記)〉에 따르면 법흥

왕의 어머니 영제(迎帝) 부인과 왕비 기윤(己尹) 부인이 머리를
깎고 비구니가 되었는데 두 왕녀가 창건한 절이 바로 불국사라고
한다. 영제 부인은 그 법명을 법류(法流)라고 했고 계율을 잘 지
켰으며 그가 창건한 불국사를 화엄법류사라고도 불렀다고 한다.

그러나 가장 널리 알려진 창건 연기(緣起)는 신라의 재상 김대
성이 불국사를 지었다는 《삼국유사》의 기록이다. 김대성의 전생
이야기와 함께 절을 창건하게 된 경위를 들려 주고 있는 이 기록
에 의하면 현세의 부모를 위해 불국사를 지었으며, 전생의 부모를
위하여 석불사를 세웠다고 전한다. 석불사는 지금의 석굴암이다.

불국사는 임진왜란 때 대웅전·극락전·자하문 등 2천여 칸이 불

불국사의
다보탑과 석가탑

에 탔다. 그 후 40~50여 년이 지난 후 조금씩 복구되다가 1970년 2월 대대적인 복원 불사에 착수하여 1973년 6월 성공리에 회향하여 웅장한 모습을 되찾았다.

불국사는 석가모니 부처님을 모신 대웅전 일곽, 아미타 부처님을 모신 극락전 일곽, 비로자나 부처님의 비로전 등 종합구성 속에 각각 불국토의 염원을 담고 있다.

'불국토에 이르는 세계를 상징하는 청운교·백운교의 33개 돌계단, 아사달과 아사녀의 애틋한 사랑의 전설과 함께 다보여래와 석가모니 부처님을 상징하고 있는 다보탑과 석가탑 등은 불교예술의 백미로 꼽힌다.

화엄사

전남 구례군 지리산 남쪽 기슭에 있는 화엄사(華嚴寺)는 절 이름 그대로 화엄 도량이다. 창건주 연기 조사를 비롯 의상·정행·낭원·관혜 등이 머물며 해동 화엄종을 꽃피웠다. 조선시대에는 선수·처능·수초 스님 등이 주석하며 종풍을 드날렸으며 근세에는 대강사 진응 스님이 머물며 후학을 지도했다.

화엄사 창건에 관한 기록은 《동국여지승람》《구례속지》《지리산대화엄사지》 등 여러 곳에 보인다. 이들 기록은 다소의 차이는 있으나 대체로 신라 때 연기 조사가 세웠다는 점에서는 일치한다.

기록을 종합해 보면 처음 연기 조사가 창건할 때는 소규모였으나 의상 대사가 오면서 화엄도량으로서 기틀을 잡게 되었고, 신라 말 도선 스님에 의해 창건 이래 최대 규모로 중건되었음을 짐작할 수 있다. 고려 때에는 선종대본산으로 승격되었으나 임진왜란 때 완전히 불타고 말았다. 인종 때 각성 스님이 중건한 뒤 선종대가람으로 승격되었다. 숙종 때 성능 스님이 장륙전을 중건하자 숙종이 각황전(覺皇殿)이라 사액하고 선교양종 대가람으로 승격시켰다. 이후 대규모 중수는 없었다.

화엄사에 현존하고 있는 건물로는 대웅전·각황전·영산전·나한전·원통전·명부전·보제루·삼전 및 요사채인 적조당 등이 있다. 대웅전은 정면 5칸 측면 3칸의 단층건물로 조선 중기의 대표적인 건축물이다. 거대하고 화려한 외관을 자랑하는 각황전은 정면 7칸 측면 5칸의 중층 건물로 화엄석경이 소장되어 있다.

이 밖에도 각황전 앞 석등, 4사자석탑, 노주(露柱), 동서 5층탑 등의 문화재가 있다. 각황전 앞 석등은 통일신라 시대의 것으로 신라 석등의 기본형인 8각형 양식을 따르고 있으며 우리 나라 석등 중 가장 크다. 연기 조사의 효심을 나타낸다는 4사자석탑은 네 마리의 사자가 이마로 방형의 석단을 받들고 있는데 원통전전사자탑(圓通殿前獅子塔)이라고도 한다. 각황전 불단에 소장된 화엄석경은 임진왜란 때 파손되어 현재는 1만 4천여 점의 조각만이 보관되어 있다.

법주사

법이 머무르는 곳은 속됨이 떠난 곳이어야 한다. 그래서 미륵도량 법주사(法住寺)는 속리산(俗離山)에 있다. 법주사의 첫번째 관문은 말티고개다. 고려 태조가 속리산에 산행할 때 닦았다는 이 길은 절을 찾기 전에 속세의 묵은 때를 내려 놓고 경건한 마음을 갖게 해준다.

‘호서제일가람’인 법주사의 일주문을 들어서기 전부터 웅장한 청동미륵대불상이 그 위용을 드러낸다. 지난 1990년 회향식을 가진 바 있는 청동미륵불상은 법주사를 상징하는 불상으로, 회향식이 있던 날 오색서광이 하늘을 수놓고 백광이 치솟아오르는 이적을 보이기도 했다.

법주사를 창건한 분은 의신(義信) 조사로 알려져 있다. 천축에서 법을 구한 조사가 흰 나귀에 불경을 싣고 와서 이곳에 처음으로 절을 이룩했다고 《동국여지승람》은 밝히고 있다. 그 후 신라 33대 성덕왕 19년(720)에 중건되었고 고려 태조 원년(918)에 증통 국사가 다시 중건했다. 조선 세조가 즉위한 뒤 자신이 지은 업보를 참회하고 부처님의 가피를 입고자 법주사에 행차하던 중 산내 암자를 중수케 하였다. 특히 기도법회를 열었던 복천선원은 이때 더욱 면모를 일신하게 되었다. 임진왜란 당시 모두 불탔던 법주사는 팔도도총섭 의승대장이었던 벽암(碧巖) 스님의 발원으로 중창되어 거듭 태어났다.

미래의 부처님 미륵불은 법상종의 주존 부처님이다. 법주사는 진표 율사가 개창한 금산사, 영심 법사의 제자 심지 대사가 열었다는 동화사와 함께 신라시대 중요한 법상종의 사찰이다. 법주사가 한창 융성했을 때에는 승려 수가 3천을 헤아렸으며, 산내 암자 또한 20여 군데나 되었다고 한다.

청동미륵불이 자비로운 눈길로 내려다보고 있는 법주사 팔상전 뜰에는 쌍사자석등(국보 5호), 석련지(국보 64호), 사천왕석등(보물 15호) 등의 성보가 천년 세월을 머금은 채 중생들을 맞는다.

범어사

조계종 제14교구 본사인 범어사(梵魚寺)는 부산시 금정구 금정산에 자리잡고 있다. 범어사의 창건에 대해서는 여러 가지 설이 있으나 신라 문무왕 18년(678) 의상 대사가 창건했다는 《삼국유사》의 기록이 가장 타당하다고 보고 있다. 〈범어사창건사적〉에 기록된 창건 연기는 범어사가 예사 사찰이 아님을 짐작케 한다.

신라 홍덕왕 당시 왜구의 침입을 걱정하고 있던 왕의 꿈에 신인 (神人)이 나타나 이르기를 "태백산 산중에 의상이라는 한 화상이 있는데, 대왕께서 그 의상 스님을 맞아 7일 낮 7일 밤 동안 화엄 신중을 독송하면 그 정성에 따라 미륵여래가 금색신으로 화현하고 사방의 천왕이 왜병을 물러가게 할 것이다."라고 하였다고 한다. 놀라 깨어난 왕은 신인이 일러준 대로 의상을 맞아 가르쳐 준 장소의 금정산으로 가서 일심으로 독경하여 뜻을 이루고 금정산 아래 범어사를 창건하였다고 한다. 그 후 범어사는 신라 화엄십찰의 하나이자 왜구를 진압하는 비보(裨補) 사찰로 자리잡았다.

범어사는 별다른 변화 없이 조선시대까지 왔으나 왜구들이 침입하는 최전방에 위치해 있어 피해가 컸다고 한다. 선조 35년에 재건하였다가 화재로 소실되고 다시 광해군 5년에 중건하여 오늘에 이르고 있다.

구한말 이후 범어사는 참선 도량으로 이름이 높다. 한국 선불교의 중흥조로 평가받는 경허(鏡虛) 선사가 금강산의 유점사·석왕사와 합천 해인사 등지로 일정한 거처 없이 떠돌다 만년에 금정산 범어사로 발길을 돌려 선원을 짓고 후학을 지도한 이후 참선 납자들의 발길이 지금까지 이어져 오고 있다.

금산사

미륵 도량으로 유명한 금산사(金山寺)는 전라북도 김제군 금산면 금산리 모악산에 위치하고 있다. '모악(母岳)'이라는 산 이름은 산머리에 아이를 안은 어머니 형상의 바위가 있다 하여 붙여진 것이라 한다.

금산사의 창건에 관해서는 여러 이설이 있으나 백제 법왕 원년 (599)에 왕명에 의해 창건되었다는 설이 가장 유력하다. 법왕은

그 이름에서도 알 수 있듯이 불교의 중흥에 힘썼고, 그때가 미륵
신앙의 전성기였다고 한다.

국보 62호인 미륵전은 3층으로 되어 있다. 1층은 대자보전, 2층
은 용화지회, 3층은 미륵전이다. 이 같은 3층 불전으로는 법주사
팔상전과 쌍봉사 대웅전이 있다. 그러나 법주사와 쌍봉사의 것이
목탑에서 변형된 탑파 형식이라면, 이 미륵전은 용화삼회(龍華三
會)를 상징화해서 지은 불전이다. 내부는 통층으로 툭 트여 있으
며, 중앙의 39척 미륵불과 29척의 좌우 보처가 모셔져 있다.

대적광전 오른편 위쪽에는 방등계단(方等戒壇 ; 흔히 '松台'라고
불린다)이 있다. 이 계단은 미륵상생신앙을 상징적으로 조형화한
것이다. 방등계단 아래에는 보물 제21호인 6각다층석탑이 서 있
다. 이 탑은 지난 65년 도난당하는 변괴를 겪기도 했는데, 이를 계
기로 당국에서는 문화재보호법을 서둘러 제정했다고 한다.

수덕사

대한불교 조계종 제7교구 본사인 수덕사(修德寺)는 충남 예산
군 덕숭산에 자리하고 있다. 수덕사가 언제 창건되었는지는 알 수
없다. 다만 절에 전하는 사기(寺記)에 의하면 백제 말에 숭제(崇
濟) 법사가 창건하고 고려 공민왕 때 나옹(懶翁) 선사가 중수했다
고 한다. 구한말에 근대 한국 선종의 중흥조로 일컫는 경허 선사
가 이곳에 머물며 선풍을 일으켰고 그의 제자 만공이 절을 중창하
고 많은 후학을 양성하였다.

현존하는 당우로는 대웅전을 비롯하여 명부전·백련당·청련당
·조인정사(祖印精舍)·범종각 등이 있다. 이 중 특히 주목을 받
는 건물은 대웅전이다. 대웅전은 1308년 건립된 우리 나라에서 가
장 오래 된 목조건물로 국보 제49호이다. 정면 3칸 측면 4칸의 주

심포계 건물인 이 대웅전의 서까래에는 건립 당시에 그려진 것으로 추정되는 금룡도(金龍圖)가 남아 있다. 범종각에는 1973년 주성된 무게 6,500근의 종이 봉안되어 있다.

산내에는 견성암을 비롯하여 정혜사·환희대·금선대 등이 있다. 금선대의 진영각에는 만공 선사의 영정과 유물이 보관되어 있다. 환희대와 견성암은 개화기의 유명한 비구니인 김일엽(金一葉) 스님이 기거하던 곳이다.

수덕사의 빼놓을 수 없는 볼거리 가운데 하나는 대웅전 앞마당의 3층석탑이다. 여래탑이라고도 불리는 3층석탑은 통일신라 문무왕 때 세워진 4m 높이의 탑이다. 이 밖에도 정혜사로 올라가는 길목에는 미륵불입상과 만공탑이 있다. 미륵불입상은 만공 선사가 건립한 높이 25척의 석불로 머리에 이중의 갓을 쓰고 있는 매우 소박한 석불상이다. 만공탑은 동경 미술대학 출신인 박중은(朴重隱) 스님이 설계한 것으로 공 모양의 둥근 돌이 올려져 있는 특이한 모습의 부도이다.

월정사

아름다운 전나무 숲길로 유명한 월정사(月精寺)는 강원도 평창군 진부면 오대산에 위치하고 있다. 6·25 전쟁 때 불탄 후 적광전(寂光殿)을 비롯한 대부분의 당우들이 새로 지어진 것이지만 주위 환경과 완벽하게 조화를 이루어 천년 고찰의 품격을 잃지 않고 있는 명찰이다.

월정사의 역사는 643년(신라 선덕여왕 12) 자장 율사가 초암을 짓고 머무르면서 시작되었다. 그 후 유동보살(儒童菩薩)의 화신이라 전하는 신효(信孝) 거사, 통효범일(通曉梵日) 국사의 제자 신의(信義) 스님 등이 머물며 가람을 수호했다. 오랫동안 황폐해 있

202

던 월정사를 수다사(水多寺)의 유연(有緣) 스님이 중수하여 다시 가람으로서의 품격을 갖췄다. 그 뒤 크고 작은 재앙이 월정사에 닥쳤다. 그러나 재앙은 오히려 절이 중흥하는 계기가 되었으니 뜨거운 불심이 모이고 모여 중창되었다. 1307년(고려 충렬왕 33) 화재로 전소하자 이일(而一) 스님이 중창했고, 1833년(조선 순조 33) 다시 화재로 전소하자 1844년(헌종 10) 영담(瀯潭)·정암(淨庵) 스님이 힘을 모아 중창했다. 6·25 때 다시 불타자 1964년 탄허(呑虛)·만화(萬化) 스님 등이 다시 중창했다. 적광전 현판을 비롯한 여러 당우의 현판과 주련(柱聯)은 탄허 스님의 친필이다.

대표적인 성보는 국보 제48호인 8각9층석탑이다. 월정사 없는 오대산을 상상할 수 없듯이 8각9층석탑이 없는 월정사 또한 생각할 수 없다. 월정사 전체가 석탑으로 집중, 탑과 절이 하나가 되고 있다. 석탑 앞에는 일명 약왕보살(藥王菩薩)로 불리는 석조보살좌상이 왼쪽 무릎을 세우고 앉아 있다.

수차례의 화재로 많은 성보가 불타 없어졌지만 그래도 적지 않은 귀중한 문화재들이 남아 있어 월정사를 빛내고 있다. 세조가 자신의 원당(願堂)을 중수한 취지를 친필로 적은 《상원사중창권선문》 2권과, 8각9층석탑을 해체 복원할 때 탑신에게 나온 신라시대 불상·동합(銅盒)·동경(銅鏡)·향합(香盒) 그리고 한암(漢岩) 선사 친필 휘호가 보장각(寶藏閣)에 보존되어 있다.

신흥사

강원도 속초시 설악동 설악산 기슭에 있는 신흥사(新興寺)는 대한불교 조계종 제3교구 본사다. 남한에서는 한라산, 지리산 다음으로 높은 산으로 제2의 금강산으로 불릴 만큼 풍광이 아름답고 산세가 빼어난 설악산의 맨 앞에 자리하고 있다.

신흥사가 창건된 것은 652년(신라 진덕여왕 6) 자장(慈藏)에 의해서다. 자장은 계조암(繼祖庵)·능인암(能仁庵)과 함께 향성사(香城寺)라는 절을 창건했는데, 이것이 신흥사의 시초다. 이때 자장은 9층탑을 만들어 부처님 사리를 봉안했다. 그러나 698년(효소왕 7) 능인암과 함께 불에 탄 뒤 폐허가 되었다. 701년 의상(義湘)이 능인암 터로 옮겨 중건하고 이름을 선정사(禪定寺)라고 고쳤다. 이때 의상은 아미타불·관세음보살·대세지보살의 삼존불을 조성하여 봉안했다. 그 뒤 천 년 가까이 번창했으나, 1592년(조선 선조 25) 임진왜란 때 9층탑이 파괴되었고, 1642년(인조 20) 화재로 전소했다.

1644년 운서(雲瑞) 등이 선정사 옛터 아래쪽 약 10리 지점에 다시 절을 짓고 이름을 신흥사라고 했다. 이곳에 터를 잡은 것은 꿈에 신인(神人)이 나타나 절 자리를 가리키며 수만 년이 가도 삼재가 범하지 못할 길지라고 가르쳐 주었기 때문이다.

1971년에 대한불교 조계종 제3교구 본사로 사격(寺格)이 격상되면서 주지 성준(聲準)이 취임, 대소의 건물들을 거의 모두 세우거나 중수했고, 범종을 새로 만들었다.

최근에는 주지 도후(度吼) 스님을 중심으로 사부대중이 힘을 모아 조국 통일을 기원하는 청동좌불을 절 입구에 조성, 봉안했다.

신흥사의 부속 암자로는 선정사의 옛터에 세운 내원암(內院庵)과 계조암, 1785년(정조 9) 창건된 안양암(安養庵) 등이 있다.

신흥사는 절 일원이 강원도 문화재자료 제7호로 지정되어 있다. 현존하는 건물로는 극락보전·명부전·영산전·보제루(강원도 유형문화재 제104호)·천왕문·일주문·불이문·적묵당·설선당 등이 있다. 이 중 극락보전(강원도 유형문화재 제14호)은 1644년에 세워진 건물로서 중앙의 공포(拱包)와 단청이 매우 아름답다. 현

신흥사 청동좌불

재 봉안된 삼존불은 의상이 중건할 때 조성한 것이라는 설도 있다. 보제루에는 청허휴정(淸虛休靜, 1520~1604) 등 큰 스님 60여 분의 진영(眞影)이 봉안되어 있으며, 조선시대 효종이 하사한 향로와 김정희의 친필도 보관되어 있다.

문화재로는 청동시루·범종·경판(강원도 유형문화재 제15호) 277매·사천왕상·향성사의 옛터에 있는 3층석탑(보물 제443호) 등이 있다. 청동시루는 순조의 하사품으로 벽파(碧波)가 역대 왕조의 제사를 지낼 때 사용한 것이다. 경판은 《부모은중경》 전질과 《법화경》 일부가 남아 있는데 효종 때 만들어진 것으로 한자·한글·범어가 혼합되어 있는 희귀한 것이다.

　범종은 경내 보제루에 보존되어 있는데, 이 종은 1,400여 년 전의 향성사 종이라고 한다. 향성사가 불탈 때에 깨졌던 것을 1748년 원각(圓覺)이 개주(改鑄)했으나 소리가 완전하지 못하여 1758년 홍안(弘眼)이 다시 개주했다. 이 종의 무게는 600kg이며 1950년 6·25 전쟁 때 총상을 입은 뒤 1963년 수리하였다. 사천왕상은 인도산 마디가 원목을 사용하여 1981년 조성한 것이다.

　신흥사는 설악산을 중심으로 하여 주변에 유명한 말사들을 거느리고 있다. 자장 율사가 중국에서 가져온 부처님 진신사리를 모신 봉정암은 설악산 정상 아래 험준한 곳에 있지만 연일 기도객이 끊이지 않는 우리 나라의 대표적인 영험 기도도량이다. 그 옆으로는 오세 동자의 설화로 유명한 오세암(五歲庵)이 있다. 오세암은 자장 율사가 관음보살의 진신을 친견하고 창건한 도량이다. 설악산 입구에 위치한 백담사는 일제 강점기 3·1 운동을 주도적으로 이끈 만해 한용운 스님이 주석하며《님의 침묵》을 집필한 곳이다.

　설악산을 나와 속초 바닷가로 오면 의상·원효 스님과 관련된 설화가 전해오는 대표적인 관음도량인 낙산사와 그 산내 암자인 홍련암이 있다.

부록

불교에 대해 묻고 싶은 것들
중요한 불교용어

불교에 대해 묻고 싶은 것들

불교는 어떤 종교이며, 다른 종교와 어떻게 다른지요?

불교가 여타의 종교와 구별되는 가장 큰 특징은 그 어떤 절대적인 신이나 신의 계시 등에 의존하지 않는다는 점입니다. 불교는 석가모니 부처님이 수행을 통해 깨달음을 얻어 성립된 종교입니다. 잘 알려진 바와 같이 석가모니 부처님은 신도 신의 아들도 아닙니다. 인간으로 태어나서 가장 인간적으로 살다 가신 분입니다. 한마디로 불교는 순수한 인간적 노력에 의해 성립된 종교라고 할 수 있습니다. 그런 만큼 불교에서는 인간의 의지를 매우 중요하게 봅니다.

당시 인도에 유행하던 여러 종교사상들의 세계관은 다음과 같은 세 가지 유형으로 요약하여 설명할 수 있습니다. 이것을 살펴보면 불교가 어떤 종교이며 다른 종교와 어떻게 다른지 분명하게 알 수 있습니다.

첫번째는 존우화작인론(尊祐化作因論)이라 하여 이 세계는 초월적인 신적 존재의 의지에 의해 이루어졌다는 주장입니다. 두번째는 숙작인론(宿作因論)입니다. 과거의 어떤 원인이 숙명적으로 현재의 세계뿐 아니라 미래의 세계까지도 결정짓고 있다는 것입니

210

다. 세번째는 무인무연론(無因無緣論)입니다. 이 세상의 온갖 현상에는 아무런 원인도 없고 조건도 없다는 주장입니다.

이러한 이론들은 한결같이 인간의 의지를 전적으로 무시하고 있습니다. 이 세상은 어떤 절대자의 의지에 따라 움직이고 있지도 않고, 먼 과거에 정해진 필연적인 숙명에 따라 결정되어 있지도 않습니다. 그렇다고 아무 원인도 조건도 없이 우연히 이루어지는 것도 아닙니다. 이 세상이 이러한 모습으로 존재하는 것은 오직 그럴 만한 원인과 조건에 따른 결과일 뿐입니다. 즉 연기(緣起)의 법칙에 의해 이 세상이 움직인다는 것입니다. 그러므로 원인과 조건을 제거하면 결과 또한 생기지 않고, 원하는 결과를 얻고자 한다면 그에 상응하는 원인과 조건을 제공하면 되므로 무엇보다 중요한 것은 인간의 의지라는 것이 불교의 입장입니다. 불교는 이렇듯 그 어떤 것보다도 인간을 중심으로 하며 인간의 이성과 의지에 기초한 합리적인 실천을 강조하는 종교입니다.

불상에 예배하는 것은 우상숭배라고 하는데 어떻게 이해해야 할까요?

일반적으로 우상숭배란 나무·돌·쇠붙이 등으로 만든 여러 가지 모습의 신상(神像)을 세워 놓고 그것을 향해서 기도를 올리는 것을 의미합니다. 기도하는 사람들은 그 신상에게 자신의 소망을 간구합니다. 또한 신상은 그들의 소망을 들어 주어야 하고 경우에 따라서는 이미 저지른 죄악까지도 용서해 주어야 합니다. 그러므로 우상숭배의 배경에는 전근대적인 미신적 요소가 내포되어 있고, 신자와 믿음의 대상 사이에는 일종의 거래관계가 형성되어 있습니다.

그러면 불교에서 불상에 예배하는 것은 우상숭배인가. 또 기독교에서 십자가 앞에서 기도하는 것은 우상숭배인가. 결론적으로 말하면 불상 그 자체가 부처님이며 복을 주는 주체라 믿고 예배하거나 십자가 그 자체가 하나님이나 예수이며, 복을 내린다고 생각한다면 우상숭배라 할 수 있습니다. 불상이나 십자가는 어디까지나 상징물에 불과합니다. 불교가 얼마나 철저하게 우상숭배를 거부하는지를 극명하게 보여 주는 예가 있습니다.

당나라 때 단하(丹霞, 739~824) 스님이라는 큰스님이 있었습니다. 운수행각중이던 스님은 어느 해 겨울, 낙양의 혜림사(慧林寺)에 이르게 되었습니다. 그 날따라 날씨가 몹시 추었는데 땔감마저 떨어지고 없었습니다. 스님은 법당으로 가서 목불(木佛)을 꺼내와 아궁이에 불을 지폈습니다. 깜짝 놀란 절의 원주(院主) 스님이 큰소리로 꾸짖으며 "어찌하여 부처님을 태우는가?" 하고 야단을 쳤습니다. 그러자 단하 스님은 막대기로 재를 헤치면서 "사리를 얻으려 합니다."라고 대답했습니다. 원주 스님이 "목불에서 무슨 사리가 나온다고 그런 미친 짓을 했소. 그건 나무토막이요."라고 소리치자, "그렇다면 왜 나를 꾸짖는가?" 하고 대꾸했습니다. 단하 스님은 부처님을 우상화하려는 것을 경계한 것입니다.

불교에서 불상을 모시는 것은 '인생과 우주의 존재의 실상을 궁극적으로 깨달아 이해함으로써 완성된 삶으로 나아가셨을 뿐만 아니라 그 길을 우리에게 보여 주고 일깨워 주신 부처님을 기념하기 위한 것입니다. 불상을 모시지 않는다고 해서 부처님의 높으신 덕과 위대한 성품을 되새기지 못하는 것은 아닙니다. 그러나 우리 중생들은 불상이라는 유형물을 통해 그러한 부처님의 위신력을 눈으로 봄으로써 더욱 신심을 높이는 것입니다.

우리들은 원만하고도 자애로운 부처님의 모습을 우러러봄으로써 마음의 평화와 침착함을 얻으며 부처님이 우리 마음 속에 살아

게심을 느낍니다. 또한 불상에 예배함으로써 흩으러진 마음을 다시 가다듬고 더욱 수행에 매진할 것을 다짐합니다. 가족들의 사진을 지갑에 넣고 다니면서 힘들 때면 꺼내 보고 다시 힘을 내는 것을 주변에서 흔히 볼 수 있을 것입니다. 불교에서 불상을 모시고 예배하는 것도 그와 똑같습니다.

석가모니 부처님이 출가하신 동기는 무엇입니까?

석가모니 부처님은 일찍이 29세의 젊은 나이에 한 나라의 왕자 자리를 박차고 출가하여 걸식으로 연명하는 수행자가 되셨습니다. 그러면 무엇이 석가모니 부처님으로 하여금 출가 수행자가 되도록 했을까요. 왜 부처님은 자신에게 보장된 부귀영화, 권력, 사랑하는 부모님과 처자식까지 버리고 출가의 길을 택했을까요?

부처님의 출가 동기에 대해서는 예로부터 사문유관(四門遊觀)이라 하여 다음과 같은 설화가 전해오고 있습니다. 부처님은 왕자 시절 동서남북의 네 대문 밖으로 유람을 나간 적이 있었다고 합니다. 그때 늙은 노인과 병들어 신음하는 환자, 죽은 사람의 장례행렬, 출가 수행자를 만났다는 것입니다. 아무 어려운 일 없이 곱게만 자란 부처님은 그 자리에서 늙고 병들고 죽어가지 않으면 안되는 우리 인생의 유한한 현실에 엄청난 충격을 받고 출가 수행자가 되어 영원히 죽지 않는 불사(不死)의 도(道)를 구하기로 결심했다는 것입니다.

이 이야기는 현대인인 우리가 보기에도 잘 짜여진 시나리오처럼 그 구성이 너무도 극적이고 질서정연하여 액면 그대로 역사적인 사실이라고 보기는 어려울 것 같습니다. 아마도 후대에 각색된 것으로 보는 것이 더 타당할 것입니다. 그러나 그렇다 하더라도 이 설화는 분명한 메시지를 우리에게 전하고 있습니다. 그것은 우리의 인성이 유한한 만큼 헛되이 보내서는 안 되며 우리 인생의 진정한 의미를 찾아내어 보다 완전한 삶, 보다 참다운 삶을 영위해야 한다는 것입니다. 석가모니 부처님이 설화 그대로는 아닐지라도 삶의 유한성을 깊이 자각하고, 완성된 삶을 찾고자 모든 것을 포기하고 출가 수행의 길로 들어섰다는 것은 분명한 사실일 것입니다.

불교에서 말하는 법은 무엇을 의미하나요?

불교에서 쓰는 법이란 말은 인도의 산스크리트 어 다르마(dharma)를 한자로 번역한 것으로, 소리나는 대로 옮길 때는 달마(達磨)라고 합니다. 이 말은 본래 유지하는 것, 인간의 행위를 지키는 것 정도의 의미를 갖고 있었습니다. 인도에서는 관습, 습관, 의무, 사회제도나 질서, 착한 행위, 진리, 본질, 종교적 의무 등 대단히 다양하게 쓰였습니다. 또 불교에서 법이라는 개념은 진리, 법칙, 행위규범, 바른 것, 사물이나 존재, 본성, 부처님의 가르침 등 다양한 의미로 쓰이고 있습니다. 하나의 낱말에 하나의 의미만 담겨 있다면 이해하기가 훨씬 쉬울 텐데 왜 이렇게 서로 다른 여러 가지 의미가 담겨 있을까요. 석가모니 부처님은 우주와 인생의 최고 진리를 깨닫고 부처님이 되셨다는 것은 이미 알고 계실 것입니다. 그러면 부처님이 깨달으신 진리란 구체적으로 무엇일까요. 그것은 다름아닌 이 세상이 이와 같이 유지되고 있는 근본이치, 다시 말해 법이었습니다. 그리고 이 세상 만물은 모두 그와 같은 법칙을 근거로 존재하는 것일 뿐 독자적이고 고정적인 실체를 갖고 있는 것이 아니므로 사물이나 존재, 본성 등도 모두 법이라고 부르게 되었습니다.

한자의 법(法)자를 파자(破字)해 보면 물 수(水)자와 갈 거(去)

자로 이루어져 있습니다. 법은 물이 흐르는 것, 즉 자연의 순리를 의미합니다. 불교의 진리도 그와 똑같은 것입니다.

가끔 탁발을 하는 스님들을 보게 되는데 탁발은 어디에서 유래한 것인지요?

스님들이 저잣거리의 집들을 방문하며 쌀이나 약간의 금품 따위를' 동냥하는 것을 탁발(托鉢)이라고 하는데, 이와 같은 탁발의 풍습은 석가모니 부처님 이전부터 존재했습니다. 인도의 출가 수행자들은 일체의 생산활동에 종사하지 않고 탁발을 통해서 식생활을 해결했는데, 불교교단에서도 그것을 수용하여 스님들의 생활방편으로 삼았던 것입니다.

그러나 이것은 걸인들의 구걸행위와는 다릅니다. 탁발은 오직 수행을 위해 목숨을 보존하는 수단인 까닭에 엄격한 규칙이 있었습니다. 정해진 시간에만 행해야 했으며, 민폐를 줄이기 위해 하루에 일곱 집만을 방문하여 조금씩 얻어서 모아야 했습니다. 뿐만 아니라 가난한 집과 부유한 집을 차별하지 않고 차례대로 방문했습니다. 또 가르침이나 그 밖의 것을 베푼 대가로 공양을 받아서도 안 되고, 먹다 남은 것을 보관해 두는 것도 금지되어 있었습니다.

탁발은 생명을 유지하기 위한 최소한의 수단이자 수행의 하나이기도 했습니다. 빌어먹는 사람이 교만할 수는 없습니다. 수행자들이 탁발하는 것은 이 교만심을 없애기 위해서입니다. 그래서 탁발은 사원제도가 정착되어 사원 안에서 직접 음식을 만들게 된 이후에도 일부 스님들 간에 꾸준히 행해져 왔고, 그것이 우리 나라에도 전해져 오늘날까지 이어져 오는 것입니다. 다만 현재의 조계종에서는 탁발을 금지하고 있는데, 그것은 모든 것이 변화된 현대사회 속에서 성직자의 품위를 유지하기 위해서입니다.

간혹 토속신앙과 불교를 제대로 구분하지 못하는 사람들을 보게 됩니다. 불교에 토속신앙적인 요소가 많이 유입된 이유는 무엇인지요?

우리 나라 대부분의 사찰에는 산신각이나 칠성각·용왕각 등이 있습니다. 산신·칠성·용왕 등은 불교 본래의 신앙과 전혀 관계가 없습니다. 이것들은 우리 나라 전래의 토속신앙이나 중국의 민간신앙인 도교에서 파생된 것인데 불교에 수용되었습니다.

널리 알려져 있듯이 불교는 본래 인간 이성에 대한 깊은 신뢰와 합리적인 실천을 기초로 하여 성립된 종교입니다. 탐욕과 노여움과 어리석음의 삼독(三毒)으로 말미암아 고통받고 있는 중생들에게 반성의 계기를 제공하고 참된 진리를 일깨워 줌으로써 그들을 구원으로 이끄는 것을 목표로 하고 있습니다. 그리고 불교는 이러한 종교적 이상을 구현하는 데 그 어떤 폭압적인 방법이나 강제적인 수단을 쓰지 않았습니다. 불교가 다른 지역으로 전파될 때나 그 밖의 어떤 경우에도 종교전쟁이 일어나지 않았습니다. 불교의 전파는 언제나 평화적으로 이루어졌습니다. 불교가 폭넓은 인간 이해와 그를 바탕으로 한 관용성과 포용성을 기본 전제로 하기 때문입니다. 그래서 그 땅의 자연환경이나 기후조건 등을 깊이 고려하고 거기에 사는 사람들의 사회문화를 존중하여 그것들을 무작정 부정하기보다 불교적으로 수용해서 함께 공존하는 길을 택했습니다. 산신각·칠성각 등 비불교적인 것들이 사찰에 세워지고 존상들이 모셔진 것은 이런 이유 때문입니다.

그러나 문명사회인 현대에 들어서도 과연 불교 속에 남아 있는 비불교적인 요소들을 그대로 둘 것인지는 더 많은 연구가 필요하다 하겠습니다. 그리고 최근의 한 연구에 의하면 우리 나라에서 토속신들을 모신 전각이 사찰 안에 많이 세워지게 된 것은 조선 중기 이후라고 합니다. 유교를 통치 이념으로 한 권력층의 엄혹한

탄압 속에서 명맥을 유지하기 위한 불교계의 필사적인 노력이 그런 형태로 나타난 것이라는 얘기입니다.

경전을 보면 여러 부처님들이 많이 나오는데 불교는 다신교인지요?

다신교란 한마디로 성격이 다른 여러 신들을 함께 숭상하는 종교 유형입니다. 이 세계가 본질적으로 몇 가지 혹은 그 이상의 구성 요소들로 되어 있다는 다분히 전근대적인 다원적 세계관에 입각해 있는 종교를 다신교라고 합니다. 요컨대 세계가 오직 일원적인 원리에 의해 구성되어 있다는 유일신교와는 상대되는 개념으로, 자신들이 믿고 있는 세계의 다양한 구성 요소들을 제각각 신격화시켜 낸 것이 다신교의 여러 신들입니다.

그러면 여러 부처님 혹은 여러 보살님들을 모시고 있는 불교는 다신교인가. 결론부터 말하면 불교는 결코 다신교가 아닙니다. 무엇보다 불교는 초월적인 신을 전제로 하지 않습니다. 뿐만 아니라 불교의 세계관은 다원적인 세계관이 아닙니다. 불교에서 가르치는 이 세상의 근본원리는 오히려 일원적이라 할 수 있습니다. 그것은 바로 영원불변하고 보편타당한 진리입니다. 그리고 그와 같은 진리는 부처님이나 보살님들이 이 세상에 계시든 계시지 않든 본래부터 존재하는 것입니다. 부처님은 그러한 진리를 몸소 깨달아 체득하신 분이고 보살님은 그와 같은 깨달음의 도상에 있는 분을 가리킵니다. 한마디로 말해서 불교의 입장에서는 다신교가 아니면서도 부처님이나 보살님이 얼마든지 계실 수 있고, 또 그 수에 제한을 받을 만한 성질의 것도 아닙니다.

불교사적으로 본다면 보다 폭넓은 중생 구제를 표방하는 대승불교가 성립하여 대자대비하신 부처님의 원력에 의한 구원이 강조되면서 각기 특색이 있는 여러 부처님이나 보살님들의 실천행이 널리 설해졌고 그에 따라 사찰에서 여러 부처님이나 보살님들을 모시게 되었습니다. 중생들의 근기와 소망이 워낙 다양하기 때문에 파생된 방편(方便)의 소산이었던 것입니다. 여러 불보살님들은 모두가 하나의 공통된 이념 즉, 우주와 인생에 깃들어 있는 영원불변의 진리를 표상하는 분들이며 중생들을 구제하기 위한 한결같은 목적을 지닌 분들입니다.

49재는 어떻게 지내며 어떤 의미가 깃들어 있는지요?

49재는 한마디로 죽은 이의 영혼을 좋은 세계로 보내는 천도의식입니다. 사람이 죽은 지 1주일마다 한 번씩 모두 일곱 번 재를 지내게 되는데, 7주째에 행하는 천도의식을 49재라 합니다. 여섯 번째 주까지는 생략하고 49일째만 행하기도 합니다. 일반적으로 천도라고 하면 일곱 번 행하는 49재를 말하는데 이는 사람이 죽은 후 49일 동안 다음 생을 받을 때까지 중유(中有)에 머무른다는 생각에서 비롯된 것입니다. 이 기간 동안 죽은 사람의 혼을 위해 재를 지내면 죽은 사람의 악업이 소멸되어 극락왕생한다고 생각하기 때문입니다.

49재가 지난 뒤에도 사람이 죽은 지 100일 만에 백재(百齋)로 행하는 천도의식과 1주년에 지내는 소상(小祥)과 2주년에 지내는 대상재가 있습니다. 이렇게 천도의식은 사람이 죽은 후에 모두 열 번을 행하게 됩니다. 왜 열 번이냐 하면 사람이 죽으면 명부시왕(冥府十王)으로부터 각자 한 번씩 심판을 받게 되는데 심판을 받을 때마다 재를 행해야 한다는 신앙에 근거하기 때문입니다. 열 번의 천도의식 중에서 49재가 가장 대표적인 천도의식으로 알려져 있는 것은 열 명의 명부의 왕 중에서도 염라대왕이 대표적인 왕으로 신앙되고 있으며, 이 염라대왕의 심판을 받는 날이 49일째가 되는 날이기 때문입니다.

49재는 구제의 영역을 산 사람뿐만 아니라 죽은 사람에까지 넓힌 자비행의 실현을 위한 불교의식이라 할 수 있습니다. 49재는 영혼이 지은 업에 의해 스스로 친숙한 인연에 이끌릴 때 새로운 불교의 진리를 알려서 좋은 길로 가도록 인도하는 의식입니다.

재가신자들이 지켜야 하는 계율에는 어떤 것들이 있나요?

계율은 강제적으로 지켜야 할 의무가 아니라 자발적으로 서원(誓願)하는 실천적 덕목입니다. 계율을 지키는 것은 곧 부처님의 행, 깨달음의 행을 닦아가는 수행이기 때문입니다. 재가신자의 계율로서는 대표적인 것으로 삼귀의계(三歸依戒), 오계(五戒)와 칠불통게계(七佛通偈戒), 보살계(菩薩戒) 등이 있습니다.

삼귀의계는 불·법·승 삼보에 귀의하겠다는 맹세입니다. 즉 "부처님께 귀의합니다. 가르침에 귀의합니다. 교단에 귀의합니다."라고 하여 부처님께 귀의하며 부처님께서 깨달으신 진리를 따르며 바른 법을 배우는 승가에 귀의한다는 것으로 모든 계의 기본이며 수행의 시작입니다.

오계는 첫째 생명을 존중하여 죽이지 말라는 것이고, 둘째 아낌없이 베풀어 주며 남의 물건을 빼앗지 말라는 것이며, 셋째는 올바른 이성 관계를 가지며 사음(邪淫)을 하지 말며, 넷째는 거짓말을 하는 등 망령된 말을 하지 말라는 것이며, 다섯째는 술 등 몸과 마음을 헤치는 중독성 음식을 먹지 말라는 것입니다.

칠불통게계는 과거 비바시(毘婆尸) 부처님으로부터 석가모니 부처님에 이르기까지의 일곱 부처님이 모두 전승하여 온 함축된 계입니다. 즉 "모든 나쁜 짓 하지 말고, 온갖 착한 일을 받들어 행해, 스스로 그 마음을 깨끗이 하는 것, 이것이 모든 부처님의 가르침이다(諸惡莫作 衆善奉行 自淨其意 是諸佛敎)."라고 하는 것입니다.

보살계는 재가 신자가 받는 가장 높은 계입니다. 이미 삼귀의, 오계를 받아 지니고 수행하는 신자만이 보살계를 받을 수 있습니다. 세속에서 가정을 이루며 살면서도 출가 수행승 못지않게 수행하는 사람이 받는 계이므로 보살계라 합니다.

불교에서는 장기기증을 어떻게 보는지요?

우리 나라에서 신앙하는 불교를 흔히 대승불교라고 합니다. 대승이란 큰 수레라는 뜻입니다. 큰 수레란 한 사람만 타고 가는 것이 아니라 나와 너, 그리고 모든 사람이 함께 피안의 세계 즉, 깨달음의 세계로 간다는 뜻입니다. 대승불교는 자기의 성불만이 아니라 타인의 성불까지 담아내는 자리이타(自利利他)를 가장 중요하게 여깁니다.

그러한 대승불교의 대표적인 실천 덕목이 육바라밀(六波羅蜜)입니다. 그 육바라밀 중에서도 첫째 항목이 보시(布施)바라밀입니다. 보시란 아무런 보상없이 남을 도와주는 것을 말합니다. 바라밀이란 궁극의 완성으로 진리 자체를 뜻합니다. 따라서 보시바라밀을 행할 때 우리의 마음은 곧 자비심으로 가득 차게 됩니다. 보시바라밀은 자비심을 바탕으로 하여 재물보시, 법보시 등 여러 가지 형태를 띨 수 있습니다.

이러한 육바라밀의 보시 정신에 입각해 본다면 장기기증도 자신의 신체 일부를 타인의 생명을 위해 기증하는 것이므로 매우 훌륭한 보시바라밀입니다. 뿐만 아니라 이러한 보시는 중생들이 자기 것으로 집착하는 육신의 일부를 타인에게 기증하는 것이므로 불교적 입장에서는 무아행(無我行)을 닦는 대단히 훌륭한 수행이라고 볼 수 있습니다. 장기기증을 행할 때 상대가 당면한 육신의 고통뿐만 아니라 마음의 번뇌까지도 씻어낼 수 있도록 법보시를 함께 해주면 금상첨화라 할 것입니다.

불교의 궁극적 목적인 열반은 현실생활에서 어떻게 구체적으로 실현할 수 있는지요?

열반이란 산스크리트 어 니르바나(nirvāṇa)를 소리나는 대로 옮긴 말로, 번뇌의 불이 모두 꺼진 상태를 뜻합니다. 불교사를 되돌아보면 한때는 깨달음을 얻어 아라한과(阿羅漢果)를 성취해도 육신이 남아 있는 한 번뇌의 불은 아직 남아 있다고 보았습니다. 그래서 완전한 열반을 성취하기 위해 목숨을 스스로 버리는 불행한 사태가 발생하기도 했습니다. 그러나 대승불교에 이르면 열반의 진정한 의미를 다시 회복하여 번뇌의 불을 다 없애고 보리(菩提)를 완성한 상락아정(常樂我淨)의 네 가지 덕을 갖춘 것을 열반이라고 했습니다. 열반의 경지는 영원하고(常), 안락하며(樂), 주체적이고(我), 청정하다(淨)는 것입니다.

열반은 해탈과 동일한 의미로도 쓰입니다. 해탈에는 혜해탈(慧解脫)과 심해탈(心解脫) 두 가지가 있습니다. 혜해탈은 모든 존재에 실체가 없음을 깨닫는 것입니다. 심해탈은 삼매를 통해 번뇌를 멸하는 것입니다. 이와 같은 혜해탈과 심혜탈이 모두 갖추어졌을 때 열반이 실현되는 것입니다. 한마디로 열반이란 연기법의 진리를 올바로 인식하고, 그것을 실천함으로써 일체의 고통과 불안을 벗어난 적정한 상태를 의미합니다. 연기법의 진리를 깨달아 미혹과 망집을 타파하면 원만하고 위없는 열반의 세계가 드러나는 것입니다. 이때 무한한 자비심이 열리게 되며, 일거수 일투족이 이타행으로 이어집니다. 열반은 목숨이 다한 곳에, 이 세상에서 멀리 떨어진 저 먼 곳에 있지 않습니다. 열반은 나 자신의 마음이 깨끗한 곳, 나와 너의 경계가 없는 곳, 그곳에 있습니다. 가까운 이웃에 대한 이타행, 보살행이 바로 현실생활에서 열반을 실현하는 방법입니다.

크고 작은 시련이 끊이지 않는 현실 속에서 불자들이 취해야 할 자세는 어떤 것인가요?

오늘날 우리 사회는 여러 가지 문제들이 복잡하게 얽혀 있습니다. 천민(賤民) 자본주의에서 파생된 극심한 빈부 격차와 생존경쟁, 지역감정에 기초한 집단 이기주의의 만연, 산업화의 과정에서 등장한 심각한 환경오염, 계층간의 갈등과 불화 등 전세계의 골칫거리를 한데 모아 놓은 듯합니다. 과연 이 세상이 살 만한 가치가 있는지 회의가 들기도 합니다.

《법화경》〈상불경보살품〉은 이러한 때 우리 불자들이 갖추어야 할 자세, 마음가짐은 어떠해야 하는지를 보여 잘 주고 있습니다. 상불경(常不輕)보살은 '항상 업수이 여기지 않는다'라는 이름 값을 하듯 경전을 전혀 읽거나 외우지 않고 오로지 다른 사람들을 향해 예배만을 했다고 합니다. 그때 사람들은 그의 그런 태도를 못마땅히 여겨 돌을 던지고 몽둥이로 때리기도 했습니다. 그러나 상불경보살은 멀리 달아나면서도 예경을 멈추지 않았다고 합니다. 상불경보살은 남을 비방한 적이 없습니다. 항상 찬탄하고 예경했습니다. 그런데도 사람들은 그를 때리고 박해했습니다. 그래도 상불경보살은 화를 내거나 자포자기하지 않았습니다. 자신뿐 아니라 우리 주위의 모든 사람이 불성(佛性)의 소유자로서 장차 성불할 존재임을 알았기 때문입니다. 비록 상대방이 그것을 부정한다 해도 그와 같은 사실을 상불경보살처럼 끊임없이 일깨워 나가는 일, 그것이 바로 어려운 현실 속에서 불자들이 가져야 할 삶의 자세입니다.

사찰에는 여러 전각이 있는데 각 전각은 어떤 의미가 있는 것인지요?

일정한 규모를 갖춘 사찰에는 크고 작은 전각들이 많이 있는데, 모시고 있는 존상(尊像)에 따라 전각의 이름과 성격이 규정됩니다. 가장 쉽게 구별하자면 불보살이 모셔진 건물은 ○○전이라고 하고 산신·칠성 등 옹호신중이 모셔진 건물은 산신각·칠성각 등 '각' 자가 붙습니다. 예를 들면 대웅전은 석가모니 부처님을 모신 건물로 대웅(大雄)은 석가모니 부처님의 호입니다. 대웅전에 봉안된 대부분의 석가모니 부처님은 항마촉지인(降魔觸地印)을 취하고 있습니다. 오른손이 땅바닥으로 향하는 듯한 모습의 항마촉지인은 석가모니 부처님이 정각을 얻기 직전, 마왕 파순을 항복시키는 마지막 순간을 상징화한 것입니다. 대웅전과 비슷한 것으로는 대웅보전이 있는데 여기에는 석가모니 부처님과 아울러 아미타 부처님과 약사여래 부처님을 함께 모시고 있습니다. 법신불(法身佛)인 비로자나불을 본존으로 모시는 건물은 비로전·화엄전·대적광전 등으로 부릅니다. 비로자나불은 지권인(智拳印)을 취하고 있습니다. 지권인은 오른손으로 왼손의 집게 손가락을 감싸 쥐고 있는 모양입니다.

극락전은 아미타 부처님을 모신 곳으로 무량수전 또는 아미타전이라고도 합니다. 아미타 부처님을 모실 때는 보통 좌우에 관세음보살과 대세지보살, 또는 관세음보살과 지장보살을 함께 모십니다. 미륵 부처님을 모신 전각은 용화전·미륵전·자씨전(慈氏殿), 약사여래불을 모신 곳은 약사전이라 합니다. 약사전에는 보통 약사여래불을 주존으로 하여 일광보살과 월광보살을 함께 모십니다.

약사여래는 손에 약병을 들고 있습니다.

　관세음보살이 본존일 때는 관음전·광명전·대비전·원통전이라 합니다. 지장보살이 본존일 때는 지장전·명부전 등으로 부릅니다. 명부전은 지장보살과 함께 명부의 시왕(十王)을 같이 모신 곳으로 시왕전이라고도 합니다. 지장보살은 삭발을 한 채 지팡이나 지혜를 상징하는 보배구슬을 든 형상을 하고 있는 경우가 많습니다.

　이 밖에도 나반(那畔) 존자를 모신 독성각, 산신령을 모신 산신각, 용왕을 모신 용신각, 칠성님을 모신 칠성각 등이 있습니다.

중요한 불교용어

겁(劫)

범어 칼파(kalpa)를 번역한 말이다. 겁파(劫波)·갈랍파(羯臘波)라 음역하기도 한다. 무한히 긴 시간이라는 뜻이다. 보살이 발심한 뒤에 부처가 될 때까지의 수행기간을 삼아승지(헤아릴 수 없이 큰 수를 의미함)의 백대겁(百大劫)이라 한다.《대지도론》권5에서는 다음과 같은 비유를 들어 개자겁(芥子劫)과 반석겁(磐石劫)으로 설명하고 있다.

사방 40리의 성안에 개자(芥子)를 가득 채우고 백 년마다 한 알씩 집어내어 그 개자가 다 없어져도 겁은 다하지 않는다.

둘레가 사방 40리나 되는 바위를 백 년마다 한 번씩 엷은 옷으로 스쳐서 마침내 그 바위가 닳아 없어지더라도 겁은 다하지 않는다.

공안(公案)

공안이란 공부(公府)의 안독(案牘) 즉, '정부의 공문서'란 뜻이다. 안독은 정부가 정한 법도이기 때문에 누구를 막론하고 준수해야 하는 준칙이다. 이런 의미에서 선종의 조사(祖師)들이 정한 법문을 공안이라 했다.

공안은 문답이 특징이다. 문답을 통해서 지적인 것, 논리적인 것, 설명, 해석, 교훈 등을 지양하기 때문이다. 선종의 종지는 실제로 수행하는 것이다. 부질없는 이론이나 어떤 철학을 말하는 것이 아니라 실질적인 수행을 통해 자기의 자성을 규명하는 것이다. 그러므로 공안은 깨달음에 이르는 수단과 방법에 불과하다. '깨달음'을 얻으려면 공안을 통해 직접 수행하는 것이 중요하다.

공안은 일명 화두(話頭)라 한다. 화두란 '말머리'란 의미다. 우리 나라에선 공안보다 화두란 말로 통한다.

관정(灌頂)

범어 아비세차나(abhiṣecana) 또는 아비셰카(abhiṣeka)를 번역한 말이다. 불교에 입문할 때 물이나 향수를 정수리에 뿌리는 것을 의미하나, 원래는 인도 제왕의 즉위식 및 태자 책봉 시에 정수리에 바닷물을 뿌리던 의식이었다. 불교에서는 보살이 십지 중의 제9지에서 제10 법운지로 들어갈 때 제불(諸佛)이 지혜의 물을 입지자(入地者)의 정수리에 뿌림으로써 법왕(法王)의 직책을 받았음을 증명한다. 이것을 수직관정이라 한다. 또한 십주의 제10위를 관정주라고 한다. 혹은 《대사(大事)》의 보살 십지 중 제10지를 관정지라고 한다. 관정위는 이외에도 등각위(等覺位)를 지칭할 때도 있다.

관정의 종류는 크게 세 가지로 나뉜다. ① 결연(結緣)관정 : 사람들에게 불연(佛緣)을 맺어 주기 위해 행하는 관정, ② 학법(學法)관정 : 밀교의 제자가 되려는 사람에게 때·장소·사람을 가려 법을 밝혀 주려는 관정, ③ 전법(傳法)관정 : 남의 스승이 될 수 있는 아사리(阿闍梨)의 지위를 얻고자 하는 사람에게 대일여래(大日如來)의 밀의(密意)를 전하는 관정을 말한다. 전법관정은 다시 3가지로 분류된다. 즉 ① 인법(印法)관정, ② 사업(事業)관정, ③ 이심(以心)관정이다.

기(機) / 근기(根機)

근기란 말은 일반적으로 기(機)로 줄여서 사용한다. 기란 연(緣 ; 간접조건·환경·상황)을 만나서 발동할 가능성을 지니고 있다는 의미다. 부처님의 가르침을 받고 교화될 수 있는 소질과 능력 또는 가르침의 대상을 말한다. 법(法)이나 교(敎)와 함께 기법(機法)·기교(機敎)라고 하기도 한다.

선종에서 사용하는 기(機)란 말은 지도자인 스승의 마음 씀씀이란 의미다. 즉 기는 언어나 생각이 미치지 못하는 것으로 그것이 밖에서 움직여서 지도를 받는 학인에게 베풀어지는 것을 뜻한다. 그리고 스승의 기와 학인의 마음이 꼭 들어맞는 것을 투기(投機)라 한다.

다라니(陀羅尼)

범어 다라니(dhāraṇī)의 음역이다. 다린니(陀隣尼)라고도 쓴다. 의역해서 총지(總持)·능지(能持)·능차(能遮)라 한다. 무량·무변한 이치를 섭수(攝受)하여 지니고 상실하지 않는 염혜력(念慧力)을 일컫는다. 일종의 기억술로서 하나의 사건을 기억함으로써 다른 모든 일까지 연상하고 망각하지 않도록 하는 것을 말하기도 한다. 각종의 선법(善法)을 능히 지니므로 '능지'라 하고, 갖가지 악법을 능히 막아 주므로 '능차'라고 한다.

대승(大乘)과 소승(小乘)

대승은 범어 마하야나(mahāyāna)의 번역으로 마하연나(摩訶衍那)·마하연(摩訶衍)이라 음역하며 상연(上衍)·상승(上乘)이라고도 한다. 소승은 히나야나(hinayāna)의 번역이다. 승(乘)은 수레를 의미하며 미혹의 차안에서 깨달음의 피안에 이르는 교법을 가리킨다.

대승·소승이란 말은 석가모니 부처님의 열반 후 그의 언행의 전승을 중심으로 전개되는 상좌부 불교가 주석적인 연구의 불교로 발전하여 대중들로부터 유리되자 그에 대한 반작용으로 보살도를 설하는 불교가 등장하게 되는데, 이때 보살도를 추구하는 무리들이 자신들이 받들고 있는 교리를 높여 대승이라 부르고 기존의 불교를 소승이라 폄하한 데서 유래한다. 그러나 기존의 불교도는 소승불교란 말은 사용하지 않았으며 상좌부 불교라 했다. 그리고 상좌부 불교에서는 대승불교는 부처님의 말씀이 아니라는 반론을 펴기도 했다. 그러나 사상사적으로는 소승이 대승불교의 교학적 기초라는 의미를 내포한다.

소승은 자신의 해탈만을 목적으로 하는 자조자도(自調自度；調는 번뇌를 제도하여 없애는 것, 度는 깨달음에 이르는 것)의 성문·연각의 수행도며, 대승은 열반의 적극적인 의미를 인정하고 자리와 이타의 양면을 모두 갖춘 보살의 수행도를 의미한다.

두타(頭陀)

범어 두타(dhūta)를 음역한 말이다. 두다(杜茶)·두다(杜多)·투다(投多)라고도 쓰며 두수(斗藪)·수치(修治)·기제(棄除)라 번역한다. 의식주에 대한 집착을 버리고 심신을 수련하는 것을 말한다. 두수란 번뇌의 때를 떨어 버린다는 의미다.

두타의 생활규범에는 12조항이 있는데 이것을 12두타행이라 한다. 즉 ① 재아란야처(在阿蘭若處 ; 인가와 떨어진 조용한 숲속에 머물 것), ② 상행걸식(常行乞食 ; 항상 걸식할 것), ③ 차제걸식(次第乞食 ; 걸식할 때 빈부를 가리지 말고 순서에 따라 할 것), ④ 수일식법(受一食法 ; 하루에 한 번 먹을 것), ⑤ 절량식(節量食 ; 과식하지 말 것), ⑥ 중후부득음장(中後不得飲漿 ; 정오 이후에는 과실즙·꿀 등도 먹지 말 것), ⑦ 착폐납의(著弊衲衣 ; 헤지고 헐은 옷감으로 만든 옷을 입을 것), ⑧ 단삼의(但三衣 ; 삼의 외에는 소유하지 말 것), ⑨ 총간주(塚間住 ; 무덤 곁에 머물 것), ⑩ 수하지(樹下止 ; 주거지에 대한 애착을 없애기 위해 나무 밑에 기거할 것), ⑪ 노지좌(露地坐 ; 지붕이 없는 한데에 앉을 것. 나무 밑에 자는 경우 습기·새똥·독충의 해가 있기 때문), ⑫ 단좌불와(但坐不臥 ; 항상 단정하게 앉아 있고 눕지 말 것)가 그것이다.

마(魔)

범어 마라(māra)의 음역인 마라(魔羅)의 축약어다. 살자(殺者)·탈명(奪命)·능탈명자(能奪命者)·장애(障碍)라고 번역하며 악마라고도 하는데 우리 나라에선 흔히 마구니라 한다. 사람의 생명을 빼앗아 가고 착한 일을 방해하는 사악한 존재이다.

《보요경》 권6에는 석가모니 부처님이 붓다가야의 보리수 아래에서 성도했을 때 마왕 파순(波旬, Pāpīya)이 세 명의 딸을 보내어 여러 가지로 부처님을 유혹했다고 한다.

마왕은 욕계의 제6 타화자재천의 높은 곳에 살면서 올바른 가르침을 파괴하는 신이라 하여 천자마(天子魔)라 한다. 또 마의 의미를 내관적(內觀的)으로 해석할 때는 일체의 번뇌를 마라고 부른다. 요컨대 자신의 몸과 마음에서 생기는 장애가 내마(內魔), 외부의 세계에서 기인하는 장애가 외마(外魔)다.

무명(無明)

　범어 아비드야(avidya)의 번역으로 사물의 있는 그대로의 모습을 보지 못하는 불여실지견(不如實智見)을 말한다. 진리에 눈뜨지 못하고 사물에 통달하지 못해서 사물과 현상의 도리를 확실하게 이해할 수 없는 정신상태가 곧 무명이다.

무아(無我)

　범어 아나트만(anātman) 혹은 니르 아트만(nir ātman)의 번역어다. 비아(非我)라 번역하기도 한다. 아는 영원히 변하지 않고(常), 독립적으로 자존하며(一), 자체자로서(主), 지배적인 능력을 지닌 주체(宰)로 생각되는 본체적인 실체를 의미한다. 인도에선 예로부터 브라만교의 교설에 의해 아트만(我) 사상이 보편화되어 있었으나 부처님은 일차적으로 그런 의미의 아의 관념을 부정했다. 무아는 불교의 근본 교리로서 삼법인의 하나인 무아인(無我印)에 해당한다.

반야(般若)

　범어는 프라즈냐(prajñā)이며 팔리 어는 판냐(paññā)이다. 따라서 반야는 팔리 어의 음역임을 알 수 있다. 이외에도 바야(波若)·발야(鉢若)·반라야(般羅若) 등의 음역어가 있다. 혜(慧)·지혜·명(明)·혜명(慧明)·승혜(勝慧)·극지(極智) 등의 의역어가 있다. 반야란 한마디로 모든 사물의 도리를 분명히 꿰뚫어 보는 깊은 지혜를 말한다.

　《해탈도론》 제9선에선 "반야는 지혜로서 요달(了達)을 특성으

230

로 삼고 사제의 경계를 간택하여 중악(衆惡)과 생사를 분명히 없애 준다."고 하고, 《섭대승론》 중권에선 "능히 일체의 견행(見行)을 없애고, 삿된 지혜를 없애기 때문에 반야라 칭한다. 능히 진상(眞相)을 연으로 삼아 그 품류에 따라 일체법을 알기 때문에 반야라 칭한다."라고 말한다.

방편(方便)

범어 우파야(upāya)의 번역어다. '접근하다' '도달하다'라는 의미로 훌륭한 방법을 써서 중생을 피안으로 인도하는 것이다. 차별의 사상(事象)을 알아 근기에 따라 중생을 제도하는 지혜다. 실상의 법계 속으로 중생을 인도하기 위해 임시로 마련한 수단으로 지붕에 올라가는 데 필요한 사다리와 강을 건너는 데 쓰이는 뗏목과 같은 것이다.

번뇌(煩惱)

범어 클레샤(kleśa)의 번역어다. 길례사(吉隸捨)로 음역하고 혹(惑)이라고도 한다. 중생의 몸과 마음을 번거롭게 하거나 어지럽히고 괴롭히는 등 미혹하게 하는 정신작용의 총칭이다. 중생은 번뇌에 의해 업을 짓게 되며, 괴로움의 과보를 받아 미혹의 세계를 헤매이게 된다. 이것을 혹(惑)·업(業)·고(苦)의 삼도라 한다. 불교의 목적은 번뇌를 끊고 열반의 깨달음을 성취하는 것이다.

보리(菩提)

범어 보디(Bodhi)의 음역어다. 각(覺)·지(智)·지(知)·도(道)라 번역한다. 부처·성문·연각이 각각 수행의 결과 얻게 되는 깨달음의 지혜를 말한다. 이 세 가지 보리 가운데 부처님의 보리가 비

할 바 없는 최상 최고의 궁극적인 것이므로 아뇩다라삼먁삼보리라
하고 의역하여 '위없이 바르고 평등한 깨달음(無上正等正覺)' '위
없는 깨달음(無上菩提)'이라 한다.

보살(菩薩)

범어 보디삿트바(bodhisattva)를 음역한 보리살타(菩提薩埵)의 축
약어다. 보리색다(菩提索多)·모지살달박(冒地薩怛縛)·부살(扶薩)
이라고도 음역하고, 도중생(道衆生)·각유정(覺有情)·도심중생
(道心衆生)이라 의역한다. 무상의 보리를 구하여 깨달음을 열려고
하는 사람을 지칭한다.

보살은 깨달음의 지혜를 추구하는 유정(有情, 중생)이란 뜻이
있으며, 보리와 살타(교화의 대상인 중생)로 나누어 깨달음을 구하
는 한편 중생들을 제도하는(上求菩提 不化衆生) 존재라는 뜻도 있
다. 보리를 얻으려는 용감하고 위대한 마음이 있다는 점에서는 성
문이나 연각도 보살이라 할 수 있지만 특별히 무상의 보리를 추구
하는 대승의 수행자를 마하살타·마하살·보살마하살·보리살타
마하살타·마하보리질제보살 등이라고 지칭하며 앞의 성문·연각
과 구분한다.

불성(佛性)

범어 붓다 다투(buddha dhātu) 또는 고트라(gotra)의 번역으로
여래성(如來性)·각성(覺性)이라고도 한다. 부처님의 본성, 부처
님이 될 가능성(因性, 종사) 혹은 미혹이나 깨침에 의해 변하는 일
이 없이 본래부터 구비하고 있는 성품을 말한다. 여래장(如來藏)
의 다른 명칭이기도 하다.

《불성론》권1에 의하면 일체의 중생은 불성을 지니고 있다고 한

부처님의 말씀은 중생들 스스로 자신을 용렬하게 생각하는 마음을
버리게 하고, 일체의 생명체를 존중하게 하기 위해서라고 한다.

사리(舍利)

　범어 샤리라(śarīra)의 음역으로 실리(實利)·설리라(設利羅)라
쓴다. 신체·신(身)·신골(身骨)·유신(遺身)이라 번역한다. 시
체나 유골을 말하며 보통 석가모니 부처님의 유골을 지칭한다.

　부처님의 사리를 안치한 보탑을 사리탑이라 하는데 흔히 파고다
·스투파라고 한다. 후대가 되면서 수행과 덕행이 뛰어난 고승들
이 열반한 뒤 다비를 하고 사리를 수습하여 사리탑을 세우는 것이
정형화되었다. 대승불교 이전에는 사리탑을 건립하거나 사리에 공
양하면 무량한 복덕이 있다고 권장하여 사리신앙이 보편화되었다.

서원(誓願)

　범어 프라니다나(praṇidhāna)의 번역어다. 증일아함 제22 〈수다
품〉에선 "왕녀(王女)가 이와 같이 서원했다는 것을 듣고 모두 함
께 모인다. (중략) 오늘 왕녀는 이러한 서원을 세움으로써 우리
나라의 백성은 동시에 제도를 받으리라."고 하고 《법화경》 제1
〈방편품〉에선 "사리불아, 마땅히 알아야만 한다. 나는 본래 서원을
세우되 일체의 중생들이 나와 같이 평등해서 다름이 없게 하리라."
고 말한다. 이것은 모두 서원을 세우고 서원을 성취해 베풀겠다는
의지와 절제를 말한다. 아미타의 48대원은 서원 중에서 가장 뛰어
난 것으로 누구나 공통하는 원이라 뜻에서 총원(總願)이라 한다.

세간(世間)

　범어 로카(loka)의 번역어로서 축약해서 세(世)라 하며, 로가

(路迦)라 음역한다. 세(世)는 변화해 가는 것(遷流), 간(間)은 가
운데 즉 안이란 의미다. 보통 멈추지 않고 흘러가는 현상세계를
말한다. 현상세계 속에 포함되어 있는 것도 세간이라 한다. 이런
경우는 세속·범속(凡俗)이란 뜻이다. 세상의 사물과 번뇌에 얽매
여 헤어나지 못하고 있는 존재의 모든 현상을 지칭한다.

수기(授記)

　범어 브야카라나(vyākaraṇa)의 번역으로 수행자가 미래에 최고
의 깨달음을 성취하게 되리라고 부처님이 약속하고 예언하는 것이
다. 부처님이 제자에게 미래에는 부처님이 되리라고 보증해 주는
말이기도 하다. 예언·인가·미래의 약속을 의미한다. 기별(記別)
·수결(授決)이라고도 한다.

업(業)

　범어 카르만(karman)의 번역어로 갈마(羯磨)라 음역한다. 조작
(造作)·행위·소작(所作)·의지에 의한 심신의 활동과 일상생활
을 의미한다. 일반적으로 신업·의업·구업으로 구분한다.

　어떠한 일을 하고자 하는 의욕이 의업(意業)이고, 그 의지를 신
체적 행동과 언어적 표현으로 나타낸 것이 신업(身業)과 구업(口
業)이라 한다. 또한 업을 의지의 활동인 사업(思業)과 사업이 끝
나고서 행하는 사이업(思已業)으로 구분한다. 이 경우 사업은 의
업이고, 사이업은 신업과 구업이다.

연기(緣起)

　범어 프라티탸 삼무트파다(pratitya samutpāda)의 번역어다. 모든
존재(유위법)는 각종의 조건에 의해 잠정적으로 그와 같은 모습으

로 성립되어 있을 뿐이다. 따라서 조건에 따라 다양하게 변화하므로(無常), 독립적인 존재성을 가질 수 없고(無我) 서로 의존한다. 이러한 인연에 의해 성립되어 있는 존재를 연생(緣生)·연생법·연기생(緣起生)·연기생법이라 한다. 말하자면 모든 현상은 무수한 원인의 인(hetu)과 연(pratyaya)이 상호 관계하여 성립된다. 즉 독립 자존적인 존재는 없으며, 조건과 원인이 없으며 결과(phala)도 없다는 설이다. 나아가 일체 현상의 생기와 소멸의 법칙을 연기라 한다.

열반(涅槃)

범어 니르바나(nirvāṇa)를 음역한 말이다. 니원(泥洹)·열반나(涅槃那) 등으로 음역하기도 하며, 의역해서 멸(滅)·적멸(寂滅)·멸도(滅度)·적(寂)이라 하기도 한다. 택멸(擇滅)·이계(離繫)·해탈(解脫) 등과 동의어로서 반열반(般涅槃 ; 般은 범어 pari의 음역으로 완전, 圓寂이라는 뜻이다)·대반(大般)열반이라고도 한다. 원래는 '불어 끈다'는 의미다. 불어 끈 상태, 곧 타오르는 번뇌의 불을 꺼버리고 깨달음의 지혜인 보리를 완성한 경지를 말한다. 이것은 생사를 넘어선 깨달음의 세계로서 불교의 궁극적인 목적이다. 그래서 불교의 특징을 나타내는 기인(旗印, 법인)의 하나로서 열반적정을 주장한다.

왕생(往生)

생명의 빛이 꺼지면 다른 세계에 가서 태어나는 것을 일컫는다. 극락왕생·시방왕생·도솔왕생 등이 있다. 극락왕생은 아미타불이 계신다는 정토에 태어나는 것이다. 정토교는 이것을 목적으로 하는 가르침이며, 다른 대승불교에서도 깨달음을 얻기 위한 수단으로 설한다.

우리 나라는 신라 이래 왕생사상이 있었다. 현재도 가장 대중적이고 서민적인 신앙 형태로 남아 있다.

윤회(輪廻)

범어 상사라(saṃsāra)의 번역으로 승사락(僧娑洛)이라 음역하며 윤회(淪廻)라고도 쓴다. 또한 생사라고도 번역하고 생사윤회·윤회전생·유전(流轉)·윤전(輪轉)이라고도 한다. 수레바퀴가 끝없이 굴러가듯이 중생은 번뇌와 업에 의해 삼계 육도의 미혹한 생사의 세계를 계속하여 돌고 돌아 그침이 없다. 이 윤회설은 사람이 죽은 후 영혼과 육신이 불리되며 풀·나무·새·짐승 등에 깃들인다는 전주설(轉住說)에서 발달한 것이다. 이런 사상은 업설과 결합하여 고대의 우파니샤드 시대부터 베단타에까지 계승되었다.

불교에선 윤회하는 세계에 지옥·아귀·축생·아수라·인간·하늘의 육도가 있다고 설한다. 이것에 의하면 현재 우리들 앞에 있는 축생, 예를 들면 파리나 벌레 등도 전생에는 인간이었던 것이 바뀌어 태어났는지도 모르며, 또 우리들이 장차 다른 형태의 중생으로 태어날 수도 있다는 것이다. 육도 중의 어느 세계에 태어나는가 하는 문제는 우리들 자신의 행위 즉 업에 달려 있다고 한다. 즉 선업의 결과 선계에, 악업의 결과 악계에 태어나는 것이다.

정토(淨土)와 예토(穢土)

중생의 세계는 탐욕·성냄·어리석음의 삼독에 의해 이루어진 예토이다. 부처님이 사는 세계는 오직 깨달음에 의한 거룩한 청정광명각(淸淨光明覺)의 세계이므로 정토라 한다. 또 정찰(精刹)·정계(淨界)·정국(淨國)이라고도 한다. 대승불교에선 열반을 성취한 무수한 부처님이 무량한 중생을 제도하기 위해 각각 교도(敎導)활동을 전개하는데 그 부처님이 머무르는 세계를 불국정토라 한다.

정토교에선 특히 아미타불의 서방정토를 소중하게 여기고 그곳에 왕생할 것을 강조한다. 서방정토는 흔히 극락세계라 하는데, 극락세계는 수마제(須摩提, sukhāvati)의 번역으로 묘락(妙樂)·안락(安樂)·안양(安養)·낙방(樂邦) 등의 뜻이 있다.

진여(眞如)

범어 타타타(tathāta)의 번역으로 사물의 있는 그대로의 모습, 사물의 본체로서 진실로 영원 불변한 것이란 의미에서 진여라고 지칭한다. 여여(如如)·여실(如實)·여(如)라 하며 대승에선 만유의 본체를 말한다. 근본불교에선 연기의 이법이 영원 불변한 진리임을 진여라 했다.

《대승기신론》에선 진여를 중생심(衆生心)의 본체로 파악하고, 언어나 사유를 초월해서 존재하므로 이언(離言)진여라 하고 구태여 언어로 표현한 것을 의언(依言)진여라 한다

찰나(刹羅)

범어는 크샤나(kṣaṇa), 팔리 어는 카나(khaṇa)다. 차라(叉拏)라고도 한다. 의역해서 염경(念頃 ; 한 생각을 일으키는 순간)·일념(一念)·발의경(發意頃) 혹은 생장(生藏)이라 하며 간단하게 염(念)이라고도 한다. 시간의 최소 단위가 찰나다.

모든 존재가 찰나에 생기기도 하고 없어지기도 하는데 계속적인 생멸현상을 찰나생멸이라 한다. 사물의 무상한 궁극적인 모습을 일기(一期)생멸이라 표현하기도 한다. 현재의 1찰나를 현재라 하

고, 전찰나를 과거, 후찰나를 미래라 하며, 이 셋을 합하여 찰나삼세(三世)라 한다.

해탈(解脫)

범어 비모크샤(vimokṣa)의 번역으로 번뇌의 사슬에서 벗어났다는 의미다. 즉 번뇌와 장애의 사슬에서 벗어나 자유자재를 얻었다는 뜻으로 미혹의 세계를 넘는다는 뜻에서 도탈(度脫)이라 한다.

회향(廻向)

범어 파리나마(pariṇāma)의 번역으로 방향을 돌려서 다른 곳으로 향하게 한다(廻轉趣向)는 뜻이다. 즉 자기가 지은 공덕과 선근을 회전시켜 보리로 향하게 하고 중생에게 베푸는 것을 말한다.

아미타불에게 귀의한다는 의미의 '나무아미타불'이란 여섯 글자에 왕상(往相)과 환상(還相)이 구비되어 있는 것은 중생에게 회향한다는 의미라고 한다. 죽은 사람을 위해 독경하고 염불하는 것을 회향이라 하는 것은 공덕을 망자에게 돌려 주어 깨닫게 한다는 뜻이다. 현재 우리 나라에선 의식의 끝이나 모임의 끝을 공덕을 베푼다는 의미에서 회향한다고 쓴다.

훈습(熏習)

범어 바사나(vāsanā)의 번역으로 훈(熏)이라고도 한다. 향기를 옷에 배게 하는 것같이 미혹과 깨달음의 일체의 현상들이 자신의 세력을 다른 것에게 훈습시키는 것을 말한다.

소승에서도 경량부에선 물질(色)과 마음(心)이 서로 훈습해 합한다고 해서 색심호훈설(色心互熏說)을 주장한다. 그러나 완성된 훈습설은 대승의 유식파에서 수립되었다. 이 경우 훈습시키는 능훈법(能熏法)은 현행(現行)이고, 훈습을 받는 소훈법(所熏法)은 마음이다. 훈습을 받는 마음 위에 훈습되어 남아 있는 관습·습성·습관·습기 등을 종자라고 한다.

지은이 / 金度吼

전북 익산에서 태어나 1968년 성준(聲準) 스님을 은사로 출가했다. 법주사 승가대학을 졸업했으며 조계종 총무원 규정부장, 중앙종회의원, 백담사 주지 등을 역임했다. 현재 (재)불교방송 이사장, 조계종 제3교구 본사 신흥사 주지를 맡고 있다.

초보자를 위한 불교

1998년 12월 28일 초판발행

●

지은이 / 金度吼
펴낸이 / 金炳武
펴낸곳 / 불교시대사

●

출판등록일 1991, 3, 20, 제1-1188호
(우)110-300 서울 종로구 관훈동 197-28
백상빌딩 13층 4호
전화(02)730-2500, 725-2800
팩스(02)723-5961

값 7,000원